मन मीत कहां मिलता है यहां

प्रेम भारद्वाज 'ज्ञान भिक्षु'

सम्पादक
डॉ. रेशमा अंसारी

सह-सम्पादक
श्रीमती बीना खन्ना

डायमंड बुक्स

www.diamondbooks.in

प्रकाशक : डायमंड पॉकेट बुक्स (प्रा.) लि.
X-30 ओखला इंडस्ट्रियल एरिया, फेज–II
नई दिल्ली - 110020
फोन : 011- 40712200
ई–मेल : wecare@diamondbooks.in
वेबसाइट : www.diamondbooks.in
संस्करण : 2026
मुद्रक : रेप्रो (इंडिया)

MAN MEET KAHAN MILTA HAI YAHAN
***By** : Prem Bhardwaj 'Gyanbhikshu'*
Edited by - Dr. Reshma Ansari
Co-editor - Smt. Veena Khanna

आभार

1. मन मीत कहां मिलता है यहां
2. दिल है काफिर
3. मेरा मौन बोलता है
4. मेरी उड़ान देखना

काव्य संग्रहों में अपने प्रथम गुरूजनों के साथ अपने माता-पिता (स्वर्गीय श्री मदनलाल भारद्वाज जी अपनी माता जी श्रीमती सुरेशी देवी को समर्पित करता हूं) मैं जो कुछ भी बन पाया उसमें अपने स्वर्गीय पिता जी और मेरी मां का जो हर क्षेत्र में आशीर्वाद, आशीष एवम् उनकी प्रकल्पित शुभकामनाएं है सब उन्हीं का परिणाम है, अतीत में जीवन सफर में अनगिनत प्रत्यक्ष अप्रत्यक्ष गुरु जनों से जितना भी निमित्त क्षमता मेरी थी ज्ञान प्राप्त हुआ उसी का यह परिणाम है के आज कुछ पुस्तकों के रूप में मैं अपने विचार, संस्कार, जीवन शोध, की परिभाषा अपने काव्यात्मक शैली से आम लोगों के लिए काव्य संग्रह के माध्यम से परिभाषित कर गजल कविताओं के स्वरूप प्रस्तुत कर सका हूं।

कुछ अतिविशेष व्यक्तित्वों का जिक्र कई रूप में विगत वर्षों की साहित्यिक और सामाजिक यात्रा के बाद करना स्वाभाविक और उचित लगता है कि मैं उन्हें तह दिल से कई वजहों से आभार व्यक्त करूं, यद्यपि उनका प्रोक्ष अप्रोक्ष रूप से कविता गजल और साहित्य से चाहे सम्बन्ध ना भी

रहा हो, परन्तु निम्न लिखित नाम मेरे जीवन में बहुत वजहों से प्रेरणास्रोत, कटू समालोचक, प्रेरक, भावनात्मक शक्ति के प्रतीक, यदाकदा अवसरों में काव्य प्रेरणा, जीवन के स्वरूप में सहयोगी, प्रोत्साहन करने वाले,सही और गलत का आभास दिलाने वाले, मुझे यकीन दिलाने वाले की मुझमें एक कवि, लेखक, एक रचनाकार है, मुझे सुन मेरे काव्य को रचनात्मक संरचना को सम्पूर्ण करने वाले, विभिन्न रूपों में मेरे आज के साहित्यिक व्यक्तित्व में असंख्य लोगों की स्वत सहभागिता बनी रही है जिनमें प्रोफेसर गीता सिंह (डायरेक्टर नहब) सर्व श्री प्रख्यात लेखक, (आई ए एस) बी वी शाल्वराज (कवि एवम लेखक हआई-रम-चौरी) श्रीमती शैल जैन (कवित्री एवम् माननीय न्यायाधीश) प्रो जे एल कौल (पूर्व कुलपति गढ़वाल विश्वविद्यालय) प्रो राजेश मोहन (पूर्व प्राचार्य ए आर एस डी कालेज) डां संदीप वोहरा (मनोचिकित्सक अपोलो अस्पताल दिल्ली) श्रीमती बीना खन्ना (प्रख्यात सम्पादक एवम् शिक्षाविद) श्री अविनाश पुष्करणा (लेखक, जी एस टी कमिश्नर) डां हरीश नवल, (वरिष्ठ साहित्यकार) मित्र मेरे समधी श्री इन्दरजीत शर्मा (समाजसेवी, न्यूयार्क अमेरिका) श्री शिवा सुब्रमण्यम, श्री बलदेव मुंजाल, (साहित्य प्रेमी) श्री हरनाम सिंह (समाजसेवी, साहित्य प्रेमी)श्री राजीव माथुर (साहित्य प्रेमी) श्री चन्दरबल्लभ नौगाई, (साहित्य प्रेमी) श्री सुरेन्द्र भारद्वाज,श्रीमती कमला भारद्वाज, श्री गौरव भारद्वाज, श्रीमती सतेश्वरी देवराडा, श्रीमती अस्वथी भारद्वाज, श्रीमती धनेश्वरी देवरानी, श्रीमती माहेश्वरी नौगाई, श्री तरूण शर्मा (अमेरिका) श्रीमती रीतू शर्मा भारद्वाज (अमेरिका) श्री सौरभ भारद्वाज, सुश्री रूपल भारद्वाज अनन्त संख्या में जीवन में काव्य जगत में सर्जन करते समय वजह और प्रेरणा या कई रूपों में मार्गदर्शन करते रहे हैं!

मैं सभी उपरोक्त और जो उपरोक्त लिखित नाम नहीं भी है जो जीवन के सफर में हर मोड़ पे कुछ नई कविताएं गजल लिखने को प्रेरित कर गए हैं मैं सभी हमसफरों का तह दिल से आभारी हूं उत्साह, प्रोत्साहन, व्यंग, तरंग, विवेचना, आलोचना, तर्क वितर्कों की वाणी,जीवन के सहज योग प्रयोग, विषम और सम परिस्थितियों में जीवन के राग, सहयोग असहयोग

का अलिखित ज्ञान, पीड़ा और खुशियों में अपनों और परायो की उल्लेखनीय भूमिका, जीवन के विभिन्न रागों के सूत्रधार बने यक्ष लोग,जाने अंजाने किरदारों का जीवन में प्रभावी भूमिका, अन्तर्मन में रम चुके विभिन्न घटना और दृश्यों के साथ लोग व्यवहार की अनुभूतियों का असर से निकली है गजल और कविताएं, उम्मीद है आप को पुस्तकों से कुछ जीवन के सूत्र प्राप्त होंगे, सभी अभिभूतियों का सदा आभारी रहूंगा उनके मार्गदर्शन के लिए धन्यवाद।

सम्पादकीय और भूमिका

आधुनिक दौर के गजलो, कविताकारों में प्रेम भारद्वाज ज्ञान भिक्षु की पहचान देश ही नहीं विदेशी मंचों से भी प्रखर हो रहा है, भूमिका में कुछ कहूं उससे पहले प्रेम भारद्वाज 'ज्ञान भिक्षु' जी को साहित्य जगत में विशेष और विशिष्ट स्थान प्राप्त हुआ है, आपको जानकर बहुत खुशी होगी के मैट्स विश्वविद्यालय रायपुर छत्तीसगढ़ के हिन्दी विभाग ने श्री प्रेम भारद्वाज 'ज्ञान भिक्षु' के अभी तक के लिखे साहित्य पर शोध पीएच.डी कोर्स करवाने का निर्णय लिया है, जो इस बात का द्योतक है की कविताएं और गजल का सफर अपनी उच्चाइयों को ना केवल छू रहा है अपितु लिखी गजलों पर पीएच.डी कोर्स होना प्रमाण है कि काव्य में लिखा साहित्य प्रेरित कर रहा है जिसका प्रचार प्रसार जिज्ञासुओं द्वारा उच्च शिक्षा में उपलब्धि और उपाधि में वर्णित होना एक साहित्यकार के लिए उच्चतम मानक होता है तो, मैं सभी पुस्तकों के सम्पादकीय काम में संलग्न रही हूं साहित्यिक यात्रा में इस उच्चतम शिखर के लिए कवि श्री प्रेम भारद्वाज 'ज्ञान भिक्षु' जी को हार्दिक बधाई शुभकामनाएँ देती हूं।

नई चारों पुस्तकें

1. मेरा मौन बोलता है
2. मेरी उड़ान देखना
3. मन मीत कहां मिलता है यहां
4. दिल है काफ़िर

में आप देखेंगे श्री प्रेम भारद्वाज 'ज्ञान भिक्षु' जी की पूर्व में आई कविताओं और ग़ज़लों ने एक लम्बी छलांग लगाई है जिसमें बहर में सदे

मिश्रो के साथ मतले के शेर हो या रदिफ और काफिया में बन्धी मुक्कमल गजल के मिजाज हो उच्च स्तर के बन पड़े हैं, कुछ गजलें तो जल्द आप देखेंगे कि गाने वालों की ज़ुबां पे थिरकती धुनों पर आप सुनेंगे, कलेवर और फ्लेवर दोनों चारों पुस्तकों में बेहतर प्रयोग और गजल की सहजता और जटिलता का समागम है, लेखन काव्य शैली चर्मोत्कर्ष पे पहुंच चुकी है, व्यंग, समाज की पीड़ा, कुरीतियों का विरोध, स्त्री विमर्श, राजनीति पे तंज, आईना दिखाती रचनाएं, कालजयी सुखन की खनक, मौलिकता की प्रखर ध्वनि, सांकेतिक भाषा प्रौद्योगिकी की मिसाल बनी रचनाएं, बेबाकी की बानगी, सम्बन्धों की काव्यात्मक अभिव्यक्ति, सामायिक विषयों पर सटीक टिप्पणी, रोचक काव्यात्मक व्यंजन नई शैली का अनुपादन, उच्च काव्य के प्ररिकल्पना को साकार करता काव्यात्मक गजल और काव्य संग्रहों की चार पुस्तकों का संकलन करना और सम्पादन के दौर हर पंगतियो को महसूस करना किसी जीवन गाथा जीवन शैली को अनुभव करने जैसा था, आप पाएंगे चारों पुस्तकें अलग अलग शीर्षकों के बाबजूद किसी व्यथा कथा और जीवन की सतही सच्चाई से मुखर होती किसी निरन्तर बहती नदी सा हर शब्द पंगती में कुछ जाती है,

जीवन के लगभग सभी पहलू को छू रही गजल और कविताएं मौलिक के साथ बहुत सार्थक भाव छोड़ने में कामयाब हुई है वो अलग बात है कि कुछ कविताएं कथन से प्यास भी बढ़ा देती है की आखिर एक ज़िन्दगी कैसी है क्या हैं हम, क्यूं ऐसा है, पर शायद यह कवि की शैली है पाठक आगे कुछ और कल्पना करता है की और क्या विशेष शैली में हो सकता है, शीर्षक आकर्षक ही नहीं अर्थ पूर्ण और रोचक है चारों पुस्तकें **1.** मेरा मौन बोलता है, **2.** मेरी उड़ान देखना, **3.** मन मीत कहां मिलता है यहां **4.** दिल है काफिर के साथ भविष्य में अन्य आने वाली सभी पुस्तकों के लिए शुभकामनाएं तथा बधाईयां देती हूं।

डॉ. रेशमा अंसारी

प्राध्यापक एवम विभागाध्यक्ष

हिन्दी विभाग मैट्स विश्वविद्यालय रायपुर छत्तीसगढ़

लेखक, समीक्षक, कवयित्री

अनुक्रम

1. गीत गाता रहा 12
2. जागरण... 13
3. होली...(अब के बरस).......... 14
4. शिद्दतों का एक लम्बा सफ़र है 15
5. दरख़्तों पे शज़र के आजकल नहीं रहते 16
6. अज़ब ज़िन्दगी का हाल देखा है।........................ 17
7. कोलाहल... 18
8. मजदूर दिवस......................... 19
9. 23, मार्च... 20
10 तेरी रहबरी पर सवाल........... 21
11. फ़क़त ज़िन्दगी की किताबें पढ़ी हैं....................... 22
12. ज़ख्म भर गए, अब तुम्हें लौट आना चाहिए.................. 23
13. ख़िरद हम कहाँ से लाए, तिजारत करना नहीं सीखा...... 24
14. आज मन उदास है 25
15. विरक्त मन............................ 26
16. निर्भया... से कठुआ............... 28
17. दरख़्तों का मिजाज़, पूछे तो कोई......................... 29
18. वो जो मिल जाते हैं तो नये राग सुर लगाते हैं........... 30
19. ईद मुबारक... 31
20. पिता दिवस... 32
21. मुस्कुराहटों से हर ग़म को भुलाना सीख गया हूँ............ 34
22. ज़रा सी ज़िन्दगी है, ज़रा से ख्वाब तो चुराने दो.............. 35
23. फिर क्या करे कोई, गर खुदा रोने लगे.................. 36
24. वो दिल में रहता है पर, कभी मिला ही नहीं.............. 37
26. साहिल से कितनी बार मुलाकात हो चुकी................. 38
27. उड़ान फिर कोई भरने की, दिल में ठानी है 39
28. उतरी है जिसके नाम की बहशत अभी अभी 40
29. उसका पता नहीं.................... 41
30. अब सफ़र में आदमी मिलते ही कहाँ हैं................ 42
31. फक़त ज़िन्दगी लिखती रही, मैं उसे पढ़ता रहा.................. 43
32. नई उड़ान, नया सफ़र, नया शिखर, चल पड़ा हूँ.............. 44
33. ना जाने कौन सा, कब का, उससे मेरा नाता है................ 45
34. दीवार पे लिखा ख्वाब हो जैसे.................................. 46

35. दिल के आसपास ही
रहने दे दर्द भी......................47
36. ज़हन में इक नया सवाल
आया है..............................48
37. खुद से दूर चला जाता है.......49
38. पलाश के फूल हैं वो...........50
39. निजाम बदल रहे हैं..............52
40. आज फिर वही राग-रास.......54
41. वयार नई चली......................55
42. तलाश जारी है... 56
43. आजकल..............................58
44. बदले मौसम का गिरगिट
जो पैमाना हुआ.....................59
45. रेत के घर...........................60
46. आकार से निराकार
का सफ़र है.........................62
47. काठ की हाँडी-सा मैं भी......64
48. मैं ही क्यों... 66
49. नये रास्ते, नये-नये,
दयार खोज रही हैं आँखें........67
50. जागीरें ना सही अपनी मगर,
दिल के हम भी नवाब हैं......68
51. ऐ ज़िन्दगी मैं इक बार फिर से
मुस्कुराना चाहता हूँ..............69
52. दीये जलें.............................70
53. दीवारों दर भी ढूंढते होंगे
तेरे कदमों के निशाँ..............71
54. जो अपना था यहाँ वो
अपना नहीं था.....................72
55. अब दिल नहीं......................73
56. विश्वास को अब
अविश्वास हो चला है...........74
57. पखेरू उड़ना चाहता है.........75
58. कितना मगरूर हो गया हूँ मैं..76
59. बस मुस्कुराते हुए
निकल गया..........................77
60. रत..78
61. कुछ तो बात है,...................79
62. जिक्र उसका हर
तरफ़ क्यूँ ह..........................80
63. हम खामखाँ उसके दिल में
मेहमां हो गए.......................81
64. खेल... 82
65. छन्न से बिखर गए...............83
66. बेक़रारी को भी चलो कुछ
करार आ जाए......................84
67. बारूद का ढेर बन
गई ज़िन्दगी..........................85
68. इबादत में हूँ,
आसमां से मन्नतें की हैं.........86
69. जो भी समझ,
इक ख्वाब बन गया है तू......87
70. आभारी हूं............................88
71. मुकम्मल ग़ज़ल हो तुम..........89
72. बता कौन-सा ख्वाब
पूरा करूँ तेरा.......................90
73. किफायत उसके प्यार
में देखी गई..........................91
74. इक धुंध में गुम....................92
75. फुर्सत नहीं है ज़िन्दगी...........93
76. ज़िस्म की अपनी डगर..........94

77. उड़ान से पहले सम्भल रहा हूँ...................... 95
78. ग़ज़ल.................................. 96
79. अमीर–गरीब ही दो जात है.... 97
80. पिता... 98
81. छूने की तमन्ना थी.... 100
82. नया दिन, नया साल... 101
83. जाने वाले... 103
84. मैं वो, और... 105
85. बटोही............................... 107
86. वो लम्हात जो हमनें चुराए नहीं.......................... 108
87. एक जीवन का सच कविता में........................... 109
88. वो क़लम की मजबूरी होगी...................... 112
89. ख्वाहिशों का क्या है........... 113
90. हर सांस को जीना सीखो..... 114
91. हमें पक्षी बनकर, लौट आना है...................... 115
92. लब्ज़ के कतरे बिखर रहे.... 117
93. निःशब्द हूँ!......................... 118
94. निगाहों में क्या था.............. 119
95. भूल जा गम........................ 120
96. हसरतें ज़िन्दगी कहाँ ले जाएगीं.......................... 121
97. आज फ़िर कलम से गुफ्तगू कर रहा हूँ.............. 123
98. इत्र घोलती है,..................... 124
99. पलाश के फूल.................. 125
100. वो निगाहों में रहा कातिलों की तरह................ 126
101. कोई रावण जिन्दा है, आज भी हमारे अन्दर मौला......... 127
102. भर चुका है जो उसे पैमाना कहें.................. 128

गीत गाता रहा

गीत गाता रहा, मुस्कुराता रहा।
हार में, जीत में,
धूप में, छाँव में,
रुकना सीखा नहीं,
आँधियों के सौढ में,
अथक, मन को ना थकने दिया,
घूप्प अन्धेरा सही,
मन के आँगन में मैं,
रोज इक दीया, जलाता रहा,
गीत गाता रहा, मुस्कुराता रहा।

जागरण...॥

इक परदा गिराकर, इक परदा उठा रहा हूँ।
इस तरह से ज़िन्दगी को जीना सिखा रहा हूँ।।

नया राग है, नया रँग है, नई धूप खिल रही।
नई मंज़िलें, नऐ रास्ते, नऐ गीत गा रहा हूं।।

क्या हुआ गर दर्द है, ज़िन्दगी गर इक मर्ज है।
छाले पड़े हैं पाँव में, देख! मैं फिर मुस्कुरा रहा हूँ।।

भोर होगी, नया सूरज, नये गुन्चों से आँगन खिलेगा।
नई शतरँज की गोटियाँ, 'प्रेम' नई विसात बिछा रहा हूँ।।

क़लम का सिपाही हूँ, दरबारी नहीं, आईना दिखाता हूँ।
मेरी तनक़ीद सुनो! भ्रष्ट, व्यविचारों की चूलें हिला रहा हूँ।।

होली...(अब के बरस)

किसी का मन रँगे,
किसी का तन रँगे,
सतरंगी रँगोली में,
किंचित,
हर जीवन रँगे,
मैल बह जाए,
मन से,
तन में रह जाए,
सौंधी सौंधी इत्र तेरी,
खुशबू महकती रहे जीवन भर,
गुलाल,
गाल पे यूं मलना तू,
इस होली,
रँग हाथ से नहीं,
मन के पटल पे, पिघलना तू।

शिद्दतों का एक लम्बा सफ़र है

शिद्दतों का एक लम्बा सफ़र है।
मँज़िलों को मेरे क़द्मों की ख़बर है।।

आईना देख ख़ुद पर यक़ीं नहीं आया।
हर ज़ख्मों शिखन का चेहरे पे असर है।।

मुसलसल चलता ही रहा हूँ तेरी जानिब।
कई बरसों से ये रास्ता, ये सहरा मेरा घर है।।

हर दर, हर ज़र्रे को पूजता रहा हूँ 'प्रेम'।
नज़र आ, छुपा हुआ आख़िर तू किधर है।।

दरख़्तों पे शजर के आजकल नहीं रहते

दरख़्तों पे शजर के आजकल नहीं रहते।
परिन्दे गुस्ताख़ हमें अब कुछ नहीं कहते।।

गुलालों से रँगे रहते थे चेहरे हसीनों के।
बेरँग हों बाल गाल, इसे होली नहीं कहते।।

पानी से सनी हुई, देह से लिपटी हुई चुनर।
गुजिया, चुटकी टीका, इसे होली नहीं कहते।।

पहचान ले महबूब तो, किस काम की होली।
दिलों से मैल ना उतारे, उसे होली नहीं कहते।।

अजब ज़िन्दगी का हाल देखा है।

तेरे शहर में अजब ज़िन्दगी का हाल देखा है।
जहाँ गया, हर ज़ुबां पर कोई सवाल देखा है।।

आदमी, आदमी का दुश्मन बना हुआ, मगर।
मुखौटों से हर आदमी हुआ हलाल देखा है।।

गांव की मिट्टी की खुशबू मुझे याद आती है।
शहर की घुटन में रेंगता हुआ कमाल देखा है।।

शहर रुकता नहीं किसी की भी ख़ातिर 'प्रेम'।
गांव छूटा तो, ज़िन्दगी का सब मलाल देखा है।।

फंसने को निकलता है शहरी रोज़ नये तरीक़ों से।
मैंने शहर में हर शख़्स को बुनते हुए जाल देखा है।।

कोलाहल...

कोलाहल...।
आज फिर...।
कहने की किफ़ायत ढूंढ़ रहा मन,
कुछ खुद से शिकायत है,
ख़ामोशी है,
'मैं' ने दिल में तूफान उठा रखा है,
खुदगर्जी का आलम,
चर्मोत्कर्ष के परिधि को,
तोड़ने को बेताब सा,
कोई शब्दों के जाल में,
भाव की चाशनी में तल गया,
झुलस सा गया है मन का धरातल,
अपनो की मेहरबानी,
ग़ैरों पे दिल का उबाल छलक उठा,
निशब्द हूँ!
कुछ बोलना, चाहता तो था।
चलो! ख़ामोशी का मतलब,
अपने अपने मन मानस,
मुताबिक़ समझ लेना,
निशब्द हूँ!

मज़दूर दिवस...

मज़दूर, हर रोज़ बिना जिनके,
मुमकिन नहीं है कोई काम।
सब ठाटबाट हैं जिनकी ख़ातिर,
जिनसे सब हैं सब सुख आराम।।
शहरी है विवश, लाचार जिनके बिन,
होते नहीं जिनके बिन कोई काम।
ठहर गई दुनिया लाट साहबों की,
मज़दूर देव, आज कर रहे हैं विश्राम।।
चूल्हा, चक्की, झाड़ू-पोछा, कारख़ानों तक,
ठप्प हुए मेहनत कशों के साज़ सामान।
मज़दूर दिवस, है हर धनी विवश, असहाय,
मज़दूर बिन आज धूमिल हुई, सब झूठी शान।।
सब बदला, लखपति अब करोड़पति हो गये,
स्कूटर वाले, कार वाले, किराए वालों के बने मकान।
शिक्षा बिन मज़दूर, मज़दूरी को भटकता रहता,
धन-पशुओं की गिरफ़्त में मज़दूरों का सम्मान।।
मज़दूर दिवस या मज़बूर दिवस कहूं,
सब के हाथ पैर हैं ये, खुद बन्धक, बँधूआ लाचार।
कब, इँक़लाब आएगा, कब शिक्षित होगी ये जमात,
कब मिलेगा हक़ पूँजीपतियों से, कब होगा इनका उपचार।।

23, मार्च...

23, मार्च... शहीदी दिवस, शत्-शत् नमन
बस आज याद आती है शहीदों की?
कल फिर कोई और दिवस मनाऐंगें।
क्या एक दिन शहीद याद रहे हमें?
क्या कुछ ऐसा नहीं करें,
रोज़ शहीदों का हम ऋण भरें।।

राजनीति से ऊपर उठकर,
स्वतंत्रता सेनानियों का हम सम्मान करें।
निज स्वार्थ में, राजलोभ में,
ना हम इनका, इस्तेमाल करें।।

देश प्रेम को आज भी सभी,
सबसे अव्वल, सेवा मानते हैं।
धर्म, जात, मज़हब, पन्थ पक्ष से,
सैनिक, शहीद को ऊँचा मानते हैं।।

मिटे भ्रष्टाचार, सबको समानता का अधिकार मिले,
शहीदों को सच्ची श्रद्धांजलि तब होगी।
अन्तोदय को मिले समर्था, राष्ट्रवाद हो धर्म,
वो स्वर्णिम सुबह, आख़िर कब होगी?
शहीदों की सच्ची श्रद्धांजलि कब होगी?

तेरी रहबरी पर सवाल

आज के हालात
आज फिर तेरी रहबरी पर सवाल है।
आज तेरे होने, ना होने का मलाल है।।

आज तुझे ढूंढ़ती है आवाम की नज़र।
तेरा होकर, ना होना, कितना कमाल है।।

जल रहे हैं कई अरमानों के घर यहां।
सब समझते हैं सबका तू ही विसाल है।।

तेरे चाहने वाले रहमतों को तरसते हैं यहाँ।
वो ये कहते मर रहे, तू रहबर बेमिसाल है।।

जिनको तबाह करने के मन्सूबे से बना था।
तू सुना है, इन दिनों जंग में उनकी ढाल है।।

फ़क़त ज़िन्दगी की किताबें पढ़ी हैं

फ़कत ज़िन्दगी की किताबें पढ़ी हैं।
बस तजुर्बों पे मेरी ईमारतें खड़ी हैं।।

मैं बैसाखियाँ फेंक आया था उस दिन।
मुश्किलों से जिस दिन कोशिशें लड़ी हैं।।

दुख की वजह समझ आ गई रफ़्ता रफ़्ता।
मशकतें कम हैं और मेरी ख़्वाहिशें बड़ी हैं।।

'प्रेम' बुतों को पूजना छोड़ आया हूँ कब का।
ये हुनरमंद लोगों के आगे बढ़ने की घड़ी है।।

ज़ख़्म भर गए, अब तुम्हें लौट आना चाहिए

ज़ख़्म भर गए, अब तुम्हें लौट आना चाहिए।
हमको भी तो जीने का, कोई बहाना चाहिए।।

कमाल की मोहब्बत करता है वो क़ातिल मुझसे।
मरने-जीने का कोई तो, वादा निभाना चाहिए।।

वापिस चले जाओ रिन्दों, मैं अब पीता नहीं हूँ।
क्यों पीए कोई, पीने का कोई तो बहाना चाहिए।।

कब से मेरे अज़ीज़ मेहरबान नहीं हुए मुझ पे 'प्रेम'।
नींव रखी है नई घर की, उन्हें हिलाकर जाना चाहिए।।

ख़िरद हम कहाँ से लाए, तिजारत करना नहीं सीखा

ख़िरद हम कहाँ से लाए, तिजारत करना नहीं सीखा।
दिले-नादां ने बा-वजह शराफ़त करना नहीं सीखा।।

चराग जलाने-बुझाने में हाथ जलने लगे गोया कैसे?
बेहया हवा ने दीयों की हिफ़ाज़त करना नहीं सीखा।।

हसीं ख़्वाब की ताबीरें यूं ही मुक्कमल नहीं हो जाती।
आशना बन हमनफ़स के आगोश में मरना नहीं सीखा।।

वफा का सिला भी नहीं मिलता, यहां तिजारत के दौर में।
कमबख़्त बेवफाई कर भी उसने कभी डरना नहीं सीखा।।

बने रहे हैं बज़्म में, उसकी करम फरमाईयाँ समझते हैं।
नज़रों में रहे तो हैं, हमने नज़रों में उतरना नहीं सीखा।।

ताबीरें = स्वपन्न फल; ख़िरद = अक़्ल

आज मन उदास है

आज मन उदास है,
फिर देश शर्मसार है,
फिर से दो बेटियां.....
कठुवा, उन्नाव से ख़बर,
इन्सानियत लाचार है, आज मन उदास है।

विभत्स, चित्र दिख रहे,
पशुप्रवृति का नँगा नाच है,
पिता का क़त्ल हो गया,
तन्त्र कहाँ सो गया,
मां, बेटियां हताश हैं, आज मन उदास है।

क्यों आतताइयों को छूट ये,
क्यों अस्मतों की लुट ये,
क्यों छुप गया रहबर कहीं,
क्यों लाज बच नहीं रही,
ये आवाम की आवाज़ है, आज मन उदास है।

विरक्त मन

विरक्त मन,
विषप्त दारूणी से चित्र,
ये कौन देश आ गया मैं,
ये कौन सा परिवेश है,
दामिनि है क़ैद में,
दमन का उद्घोष,
अमन में, आक्रोश,
शक्ति का चिर कम्पन हुई
झर्र रही,
शापित विध्वंसिका,
वहशियत का चरम है,
इँसानियत शर्म शर्म है,
ये किस स्वतंत्र भारत में हम,
आज भी प्रतंत्र हैं?
नारी आज भी दुर्योधनों के,
जाँघों की चौसर पे लुट रही,
ये वही हैं अति विशिष्ट हैं,
जो हर बरस,

रावण, को अपने हाथों जलाते हैं,
ये वही हैं जो हमें,
पाँच वर्ष में हमारी दुनिया,
बदलने के,
दिव्य-स्वपन दिखाते हैं।
जागरण! कैसे हो,
क्या करे? पशुप्रवृति की इस वृत्ति का,
रक्षकों से डर, अख़बार खोलते,
पशुप्रवृति की सुर्खियां,
असाहय सा क्यों दिखता है तन्त्र,
पक्ष-विपक्ष, समाधान रहित?
हर बार कोहराम, बस,
फिर वही विध्वंसिका,
खोखले तर्क वितर्क,
त्रासदी पर सब सेकतें रोटियां,
मन विरक्त है,

निर्भया... से कठुआ

निर्भया... से कठुआ, उन्नाव...? कब तक जागेंगे हम।
दिलों में हम-दर्दियां, रास्ते हैं, तो दीवार कौन है।।

सब हैं शर्मसार, मददगार, तो गुनहगार कौन है?
सियासत-दानों अस्मतों पे ना अपनी रोटियां सेंको।
दहशत में बेटियां आवाम की, ढूंढो! सजावार कौन है।।

अख़बार की सुर्ख़ियां बन कर ना ही रह जाए मसअला।
कल भूल ही ना जाए हम, आखिर वो किरदार कौन है।।

कभी निर्भया की, कभी कठुआ, कभी उन्नाव से चीखें।
क्यूँ डरती नहीं वहशियत? ये जुर्अते-फ़नकार कौन है।।

वक़्त की दरकार है, तालिबानी कुछ क़ानून सियासत लाए।
दहशती बनी रहे, फिर देखें इस जुर्म का तलबगार कौन है।।

जुर्अते-फ़नकार = हौसला ऐसे करम करने का;

दरख़्तों का मिजाज़, पूछे तो कोई

दरख़्तों का मिजाज़, पूछे तो कोई।
परिन्दे हैं कहाँ आज, पूछे तो कोई।।

इँक़लाब का हर शख़्स परचम लिए।
इनकी भी है आवाज़, पूछे तो कोई।।

सुनता नहीं, समझता नहीं है मुझको।
है इसमें भी कोई राज़, पूछे तो कोई।।

तनक़ीद कर रहा हूँ अपने ही वजूद से।
क्यूँ हर लफ्ज़ है नासाज़, पूछे तो कोई।।

मँज़िल पे आके मैं कभी ठहरता भी कहाँ।
अभी बाक़ी हैं कई परवाज़, पूछे तो कोई।।

बुलन्द आवाज़ से मसअला उठाना पड़ा।
ऐसे क्यों थे मेरे अल्फाज़, पूछे तो कोई।।

वो जो मिल जाते हैं तो नये राग सुर लगाते हैं

वो जो मिल जाते हैं तो नये राग सुर लगाते हैं।
पुराने तराने, नये संगीत दिल में उभर आते हैं।।

मस्त–मौला सी हुआ करती है दोस्ती की रंगतें।
कुछ पल, मुलाकातों के सपने ज़िन्दगी भर आते है।।

दोस्ती एक रिश्ता है जो हम दिल से खुद बनाते हैं।
कहने के रिश्तेदार अक्सर नज़रों से उतर जाते हैं।।

दोस्ती, प्यार, मोहब्बत, दिल की ज़मीन से जन्म लेती है।
सच्चा हो याराना तो, आसमां भी ज़मीं पे उतर आते हैं।।

मतलबी ज़माने में कहाँ कोई किसी के लिए मरता है।
वक्त, बे–वक्त अपनों से पहले दोस्त ही तो नज़र आते हैं।।

ईद मुबारक...

ईद मुबारक...

ईद है, आओ गले मिल सकते हो।
फटे हुए रिश्तों को सिल सकते हो।।

सलबटें पड़ चुकी है अहसासों को,
खुलके फिर से घुल मिल सकते हो।।

इक कदम राम, इक कदम रहीम का।
मिलो, अपनी ज़िन्दगी बदल सकते हो।।

मोहब्बत का पैगाम कभी आए, मिलो।
अमन का परचम लिए चल सकते हो।।

इंसान से बड़ी कोई जात नहीं होती है।
थोड़ा मैं, थोड़ा तुम पिघल सकते हो।।

सियासी चाल के मोहरे ना बना करो।
इंसान बन हर ईश को मिल सकते हो।।

ईद, दीवाली पे ही क्यूँ मिठाई बांटी जाए।
मोहब्बत में फूलों-सा रोज़ खिल सकते हो।।

पिता दिवस...

पिता दिवस...।

दिवस क्यूँ, हर इक दिन तुम्हारी देन है,
जो भी हूँ, आपके अथक प्रयास से हूँ।
कहां हो, आओ, फिर से मुझे डाँट लगा जाओ,
अब मैं ऊदन्ड नहीं, आपके दिए विश्वास में हूँ।।

जब आपने टोक लगाई थी,
मेरी, मां ने गलतियां छुपाई थी,
अब कोई नहीं तुमसा, कुम्हार,
अब बिन डोर आकाश में हूँ।।

क्षितिज को तकता रहता हूँ,
तुम सब कुछ मुझमें छोड़ गए,
कितना भार लिए थे, अब समझा हूँ,
तुमसा बन पाऊं, इक आस में हूँ।।

आप पिता, गुरु, मेरा गुरूर बने,
मेरी हर उलझन में मेरे धीर बने,
झरता था खामोश प्यार, आपका,
मैं अब, रोज नए परवाज में हूँ।।

तुम जीते थे, मैं जी जाऊं,
तुम हंसते थे, मैं ना रो पाऊं,
तुम मुझसे हार करके खुश थे,
अब पिता बना, तो नाज में हूं।।

है सबसे जुदा तस्वीर आपकी,
है नहीं खुदा, तुमसा कोई भी,
बेफ़िक्र रहा, तुम थे जब तक,
सींचा आपने, अब आकाश में हूं।।

मुस्कुराहटों से हर ग़म को भुलाना सीख गया हूँ

मुस्कुराहटों से हर ग़म को भुलाना सीख गया हूँ।
मुश्किलों को मशक़तों से रूलाना सीख गया हूँ।।

पत्थरबाजी का चलन, कोई घर महफूज नहीं रहा।
उन पत्थरों से अपने घर को सजाना सीख गया हूँ।।

ऐ-सँगदिल दुनिया मेरे दिल से हरदम खेलती रही।
दुनियां की हर शै को अब आज़माना सीख गया हूँ।।

जिसको ज़ख़्म दिखा दिया, वो बढ़ा कर चला गया।
हाल पूछता है कोई, तो मैं मुस्कुराना सीख गया हूँ।।

पहले ख़ामोशियों से हर बात मान जाता था ज़मीर।
अब 'प्रेम' इन्कलाब का परचम उठाना सीख गया हूँ।

क़त्ल करने का हुनर इश्क वालों ने आम कर दिया।
कत्ल हुआ हूँ इतनी बार, निशाँ मिटाना सीख गया हूँ।।

ज़रा सी ज़िन्दगी है, ज़रा से ख्वाब तो चुराने दो

ज़रा सी ज़िन्दगी है, ज़रा से ख्वाब तो चुराने दो।
मसरूफ हो, पर धड़कनों को जरा मुस्कुराने दो।।

किसी का नहीं है वक्त अपने आप बदले तो बदले।
जो मिल गया है आज, उसे स्वपन तो सजाने दो।।

हुनर को इतना बढ़ाओ के शिखर झुककर आए।
चाँद चाहे तुम्हें इतना, उसे जमीं पे उतर आने दो।।

क़दम नहीं रोको, तुफ़ाँ तो आते जाते हैं सफर में।
डटे रहो, फिर सैलाब को जर्रा जर्रा बिखर जाने दो।।

गर्दिशे-दौरा से गुजरने का मज़ा आना ही चाहिए।
मौज से ठोकरें खाके, ज़िन्दगी को निखर जाने दो।।

फिर क्या करे कोई, गर ख़ुदा रोने लगे

फिर क्या करे कोई, गर ख़ुदा रोने लगे।
आईने को देखकर, शक ओ शुबा होने लगे।।

सियासत से ख़ुद को हम बचाएंगे कैसे।
नस्ल की जड़ों में ये बीज हम बोने लगे।।

सियासत मुखौटे बदलकर लूटती है हमें।
वाजिब है लूटना आवाम जब सोने लगे।।

इन्सान की फितरत आईना दिखना सबको।
कमतर बता दूजे को, पाप अपने धोने लगे।।

तिजारत के दौर में लोग सौदागर बन गये।
कम्बख़्त हम मोहब्बत के धागे पिरोने लगे।।

वो दिल में रहता है पर, कभी मिला ही नहीं

वो दिल में रहता है पर, कभी मिला ही नहीं।
अनकही उल्फतों का हाँ, कोई सिला ही नहीं।।

कहने वालों का क्या कहना, कहते रहते हैं।
जिसको कहना था वो, कभी मिला ही नहीं।।

ज़िन्दगी इक कमाल मोड़ पे खड़ी रहती है।
जिसे मिलके ना खुशी, कोई गिला भी नहीं।।

टूट जाए दिल तो फिर कहाँ जुड़ सकता है।
दिल लगाने को बचा, अब हौसला भी नहीं।।

सफ़र में मैं ही अकेला नहीं हूँ भीड़ के साथ।
सब अकेले भी नहीं, कोई काफिला भी नहीं।।

अज़ब सा साथ निभाने की खलीस है सबकी।
दूर हैं सब और बीच में कोई फासला भी नहीं।।

कोई तो है, डोर थामे हुए खड़ा कहीं दूर शायद।
सफ़र में अकेले, मिलने का सिलसिला भी नहीं।।

साहिल से कितनी बार मुलाकात हो चुकी

साहिल से कितनी बार मुलाकात हो चुकी।
तुफाँ की कश्ती पे, बहुत बरसात हो चुकी।।

डूबने का शौक किसे नहीं इश्क़े समंदर में।
कमजर्फ़ी भी मोहब्बतों में हयात हो चुकी।।

लौटने वाले को कहाँ मिला है फिर सफ़ीना।
जो गुजर गया वो गुजरी हुई बात हो चुकी।।

सवालों में रहेगा, सवाल करने वाला हमेशा।
बेकद्री अह्ले हुनर की हो, रिवायात हो चुकी।।

अज़ीजो से बचाना, अब गैरिय्यत का डर नहीं।
हम पे इस कद्र अपनों की इनायात हो चुकी।।

अच्छा है वो चाहते नहीं है हमें, रब्बा खैर करे।
चाहत में जीने वालों की क्या हालात हो चुकी?

उड़ान फिर कोई भरने की, दिल में ठानी है

उड़ान फिर कोई भरने की, दिल में ठानी है।
हालात क्या देखना, अपने हौसले तूफानी हैं।।

कीचड़ का डर, बारिश का बहाना नहीं कोई।
रुकना नहीं सीखा है, बारिशें आनी-जानी हैं।।

लिख रहा हूँ रोज काल के कपाल पे दास्तानें।
ज़िन्दगी तेरे हर मोड़ पे, इक नई सी कहानी हैं।।

रहता हूँ ज़मी पे, उसका दामन छोड़ा नहीं कभी।
ख्वाब हँसीन से, मंजिलों का सफ़र आसमानी है।।

हर पल को ज़िन्दगी, नया आयाम देना जानता हूँ।
फकीरों में रहबशर सही, पर शौक ज़रा नूरानी है।।

मोहब्बत की तिजारतों में किरदारी नहीं रखता हूँ।
सौदागरी नहीं सीखी है, मोहब्बतें हमसे बेगानी हैं।।

उतरी है जिसके नाम की बहशत अभी अभी

उतरी है जिसके नाम की बहशत अभी अभी।
कोई कर आया है उसकी शिकायत अभी अभी।।

मेहरबाँ ना आया करो आप ख्वाबों में रात-भर।
मुश्किल से गुजारी है शबे-फुरकत अभी अभी।।

मजबूरे-फुगाँ का दर्द दिल में रहेगा बरसों बरस।
मामूरे-ए-ग़म तो रहेगा, हुई है चाहत अभी अभी।।

वो फिर लौट आया है महफ़िल में नए दर्द बाँटने।
ज़ख्मों को मिल रही थी जरा राहत अभी अभी।।

मेरे घर की दरोंदीवार बच गई थी तुफान से थोड़ी।
इजाजत फिर से माँग रही है कयामत अभी अभी।।

जो मेरे साथ रह के भी कभी मेरे ना हो सके 'प्रेम'।
वो बुत बनाने की लेने आए इजाजत अभी अभी।।

उसका पता नहीं

उसका पता नहीं,
उसकी बातें अच्छी हैं।
सपनों में मिला है,
उसकी मुलाकातें अच्छी हैं।।

दिल में रहने लगा है वो,
मुझे अपना कहने लगा है वो।
ख्यालों में घर कर गया है वो,
ख्वाबों की ये सौगातें अच्छी है।।

चाँदनी रात का अम्बर उसका,
मृगमरीचिका, स्वपन, उसके हैं।
धरा को कोई अफसोस नहीं है,
स्वपनिल रिश्तों की ये रातें अच्छी हैं।।

वो कौन, कहाँ, कब मिल जाए,
किस धरा पे फूल वो खिल जाए।
ये उल्फत के खेत बड़े गीले हैं,
फिसलने को ये बरसातें अच्छी हैं।।

उसका पता नहीं,
उसकी बातें अच्छी हैं।

अब सफ़र में आदमी मिलते ही कहाँ हैं

अब सफ़र में आदमी मिलते ही कहाँ हैं।
दिल मगरूर हो चुके, मिलते ही कहाँ हैं।।

तूफान के साथ ज़िन्दगी कैसे गुजर करें।
बुझे हुए दीप, फिर से जलते ही कहाँ हैं।।

महफ़िलों को कमज़र्फों ने अपना बना लिया।
शरीफ़ लोग घर से अब निकलते ही कहाँ हैं।।

मेरे परवाज़ की राह रकीब को नहीं रोकनी थी।
अगर हम ना चाहें तो वो फिसलते ही कहाँ हैं।।

फक़त ज़िन्दगी ने साथ नहीं दिया कभी अपना।
हम खुद चराग थे, सूरज यहां निकलते ही कहाँ हैं।।

तमाम उम्र उसे मैं तराश के भी बुत ना बना सका।
पत्थर की जात है, मोहब्बतों से पिघलते ही कहाँ हैं।।

फ़कत ज़िन्दगी लिखती रही, मैं उसे पढ़ता रहा

फक़त ज़िन्दगी लिखती रही, मैं उसे पढ़ता रहा।
तूफान थे, भँवर थे, मैं हर हाल आगे बढ़ता रहा।।

पथ का मुसाफिर हूँ, नहीं सोचा है मँजिल कहाँ।
पग पग नई तरतीब, रोज़ नए रास्ते गढ़ता रहा।।

मुश्किल था रस्ता, बड़ी आसान सी तरकीब थी।
फूल को रस्ता दिया, मैं हर सूल से अड़ता रहा।।

कीमती होते हैं पत्थर, मैं पारखी बनकर जिया।
कुछ पत्थरों को ठोकरें, हीरे दिल में जड़ता रहा।

तस्वीरों को याद रखूँ, सजाकर दीवारों पे रखी।
धुंधला गए लम्हें कई, इक छोर उखड़ता रहा।।

वक्त के हाथों कठपुतली इस ज़िन्दगी की डोर है।
कुछ नया बनाया तो, कुछ पुराना बिगड़ता रहा।।

नई उड़ान, नया सफ़र, नया शिखर, चल पड़ा हूँ

नई उड़ान, नया सफ़र, नया शिखर, चल पड़ा हूँ।
व्योम की नई चौखट पर फिर से आकर खड़ा हूँ।।

पहुंचने में किंचित देर हो, मँजिल पर नज़र है मेरी।
अभी आगाज है सफर का, अभी तो बस उड़ा हूँ।।

परछाइयों को धूप ढलने का इन्तजार है, बड़ी होगी।
मैं उजालों में भी यहां, अन्धेरों से जमकर लड़ा हूँ।।

जीत हार काफी नहीं है, मुझे छोटा साबित करने को।
परास्त दल बल से हुआ, हारा नहीं, विचारों से बड़ा हूँ।।

रकीबों, प्यार है काफी है मेरे सर को झुकाने के लिए।
मैं ही पत्थर दिल हूँ, प्यार से छू मुझे मिट्टी का घड़ा हूँ।।

ना जाने कौन सा, कब का, उससे मेरा नाता है

ना जाने कौन सा, कब का, उससे मेरा नाता है।
कौन है जो रोज़ अपनी जानिब मुझे बुलाता है।।

कोई राग, कोई धुन, सुना रहा है, मुझे, वो कब से।
मैं रोके हुए हुँ साँस भी, वो सरगम सा फैल जाता है।।

बेकरारी का ये आलम की धड़कनों को कैसे रोके।
मसहला दिल का है, दिले दीदार से सुकून आता है।।

फितूर है मेरे दिल का की, वो हमनवां है ही ऐसा।
वो मुझे जीत कर मुझको क्यों हर बार हार जाता है।।

ख़फा भी है वो, वफ़ा भी उसकी अदावत का हिस्सा।
क्या! मोहब्बतों की राहों में, ऐसा भी मुकाम आता है?

खूने-जिगर पीने वाला अज़ब सा पयाम दे गया मुझे।
आखिर कत्ल के बाद कातिल क्योंकर मुस्कुराता है।।

ख़्वाबों-ख़्याल की दुनिया में कितने सलौने सपने हैं।
हकीकत के शहर में आखिर हर ख्वाब टूट जाता है।।

दीवार पे लिखा ख़्वाब हो जैसे

दीवार पे लिखा ख़्वाब हो जैसे।
ज़िन्दगी से तेरा हिसाब हो कैसे।।

मिल जाता है हर बून्द समँदर में।
बादलों को कोई जवाब हो जैसे।।

ज़िन्दगी भर जला हूं तेरी खातिर।
तेरा अपना ही आफ़ताब हो जैसे।।

तू इक मुक्तसर सी ख्वाहिश मेरी।
बाकी सब कुछ अज़ाब हो जैसे।।

नूर उतरता जा रहा है हकीकत से।
हुस्न-ओ-इश्क का शबाब हो जैसे।।

झुकती नहीं सियासतदान की गर्दन।
अकड़, गए वक्त का नवाब हो जैसे।।

दिल के आसपास ही रहने दे दर्द भी

दिल के आसपास ही रहने दे दर्द भी।
बावस्ता हैं इक दूजे के, हैं हमदर्द भी।।

मत भीगने दे इश्क की बारिश में मुझे।
हवा चली पुरवा, ये मौसम है सर्द भी।।

चैन दिल का लुट कर भी चैन ना आए।
इश्क आसमां से दिखलाए, है गर्द भी।।

भुलाए कहाँ भूलता है किसी बेवफा को।
यादों में रहा है दर्द के साथ वो बेदर्द भी।।

इश्क लाइलाज बीमारी है, बचके रहा जाए।
जाता है आदमी के साथ-साथ ये मर्ज भी।।

हमने बहुत देखे हैं दिले-इश्क से मरे हुए।
खुदको भूलकर जो भूल जाते हैं फर्ज भी।।

ज़हन में इक नया सवाल आया है

ज़हन में इक नया सवाल आया है।
फिर से जीया जाए ख़्याल आया है।।

बरसात हुई जमकर मेरे आँगन में।
लगा लौटकर मेरा विसाल आया है।।

कितने बरसों के बाद भीनी खुशबू।
कँवल खिलाने कोई ताल आया है।।

इस बरस बौंर बहुत हैं खिले हुए।
शज़र पे गुँचा भी बेमिसाल आया है।।

ये ग़ज़ल तुम से ही वावस्ता नहीं है।
तजुर्बा दुनिया से भी कमाल आया है।।

रहबरों में बचके कैसे निकलूंगा अब मैं।
भंवर से मुझे राहजन निकाल लाया है।।

खुद से दूर चला जाता है

खुद से दूर चला जाता है,
आदमी मुसाफिर है,
अनजाना भी जाना सा लगे,
आदमी ही काफ़िर है,
किताबों में नहीं पढ़ी थी,
ज़िन्दगी तो और ही कहीं थी,
कहाँ से कहाँ आ गया हूं,
ज़िन्दगी यहां वहां भी नहीं थी,
तितलियों से सीखना पड़ा मुझको,
रसपान कैसे किया जाता है,
तपती धूप में फुटपाथ पे जीती ज़िन्दगी,
ने बताया कैसे जीया जाता है,

नदियों की धार कह रही थी,
निरन्तर, निश्छल, निश्काम,
वो खामोशी से सुबह, शाम बह रही थी,
जीवन भी बह रहा है,
घात, प्रतिघात सह रहा है,
साँसों की पूँजी कल कल,
हर रोज, हर पल निकल रही है,
बस इस तरह ज़िन्दगी चल रही है।

पलाश के फूल हैं वो

पलाश के फूल हैं वो,
पुराने हो चुके, अधपके सही,
रिश्तों की इक उम्र हुआ करती है,
भरी धूप में नहीं मुर्झाए,
हवाओं में झरे नहीं,
तेज बरसात में फूल गिरे नहीं,
विश्वास के फूल खिलते रहे,
पलाश के फूल हैं वो,
कितने सस्ते बाजार में भी अनमोल,
वृक्ष बनाने में कितना वक्त लगा होगा?
झुर्रियां बता रही हैं अन्तराल को,
आँखों की चमक समेटी हुई विश्वास,
कदम चाल अनुभव का कमाल लिए,
उकेरती, गढ़ती, उन्वान का सरस,
खँगालने का हुनर आँखों में,
कुरेदती अन्तर्मन के राग-विराग,
नदियों सा कल-कल,
सरसों के खेतों सा सुगंध,
बिखरी धूप सी मरहमी गूढ़ देह,

आज भी सुभाशिनी सा श्रृंगार,
वो कलोल लिए, बिफरती गुजरती,
मदमयी, बाँहपोशों केचुली सी,
अशांत, विकल, झरने सी छपाक,
पत्थरों पे बनाती छाप,
अविरल गँगा सी धार,
फिर समन्दर की गोद में समा जाती,
पहचान सको तो कौन,
जान सको तो निमित्त मौन,
कागज के फूल खिल भी,
कृत्रिम सुगंध का छल,
मुर्झाए नहीं, नकली हँसी लिए,
हाँ, ऐसे भी पलाश मिले,

निज़ाम बदल रहे हैं

निज़ाम बदल रहे हैं,
अंजाम भी बदलने चाहिए,
पतझड़ के बाद,
नए-नए फूल खिलने चाहिए,
इतराने का वक्त,
आता है चला जाता है,
वक्त सबका आता है,
आजमा के चला जाता है,
तस्वीरों को सम्भाले रखो,
हर पल में बदल सकती है,
वक्त बहुत निर्दयी होता है,
हर तस्वीर बदल सकती है,
बहते दरिया की रवानी समझो,
आती जाती है जवानी समझो,
आज हर पल का मजा ले जाओ,
कल तो कल है, कल की कहानी समझो,
सियासत दानों से उम्मीद नहीं करता अब,
वादा-परस्ती पे कोई नहीं मरता है अब,
इक नए जागरण की जरूरत है हमें,
भ्रष्ट होने से कौन डरता है अब?
नई सहर होगी, नए गीत लिखे जाएंगे,

अविरलता के प्रतीक नज़र आएंगे,
स्वर्ण-पक्षी का नाम फिर से होगा,
जगत गुरु फिर अपना परचम फहराएंगे,

निज़ाम बदल रहे हैं,
अंजाम भी बदलने चाहिए,
पतझड़ के बाद,
नए-नए फूल खिलने चाहिए,

आज फिर वही राग-रास

मुझे निर्वाण चाहिए
सत्य का मुझे प्रमाण चाहिए,
आज फिर वही राग-रास,
आज फिर वही मन का विलास,
झर रहा मकरंद बन,
गिर रहा नभ से प्रकाश,
चँचला, मन मोहती,
कुँदन करती तन की लिबास,
निखरती, बिखरती जाती श्रृंगार का,
आपना मिजाज, ये निचिकेता?
मुझे भी निर्वाण चाहिए?
सत्य का मुझे प्रमाण चाहिए,
सिद्धहस्ता कुटिल बन्धन गिरा,
पर्दा नहीं, अविरल परिधान चाहिए,
किंचित, तू ना आये शायद,
वृतांत मत सुना, कलयुगी 'सँजय',
भोर तक तिमिर को परास्त कर दूंगा,
मेरू दण्ड में मज्जा, जान चाहिए,
तुझे पाना, कदाचित मेरा ध्येय ना हो,
खोना अपितु, उद्देश्य नहीं है,
फूलों की अपेक्षाओं में परन्तु, गुलमोहर,
रसभरे, मुस्कुराते, फलों के उद्यान चाहिए।

वयार नई चली...

वयार नई चली...
हवा बदल रही,
वयार नई चली,
हम तुम वही रहे सदा,
वक्त किसी का नहीं,
विषाद कब फले यहां,
पत्थर कहाँ गले यहां,
झर गया जो सूल था,
पलाश कब झरे यहां,
मौसम बदल रहा क्यूँ,
धुन्ध छट रही क्यूँ,
धूप का विकार था,
धूल उठ रही है क्यूँ,
पथ पर कोई इल्जाम है,
या, कोई दूसरा अयाम है,
इक रोशनी जली तो है,
इक ढलती हुई सी शाम है,
विरक्त मन, खिला तो है,
रक्त कुछ हिला तो है,
झुर्रियों में व्योम सी,
नव रक्त इक मिला तो है,
खुले हुए हैं द्वार सब,
उन्मुक्त ज़िन्दगी के लिए,
सरोवरों में डूब जाओ,
जिज्ञासु चासनी लिए।

तलाश जारी है...

तलाश जारी है...।
खोज में खुद के वजूद को,
सफ़र में सुकून की धूप को,
धूप में चकती पानी से ताल को,
ताल में अक्स की बनते नक्श को,
अक्स में अपने रदीफ को,
नक्श में किसी सबूत को,
सबूतो में किसी अजीज को,
अजीजों में किसी अजीज को,
अपनों में किसी करीब को,
करीबों में अपने नसीब को,
नसीबों में उसके यकीन को,
यकीन में किसी महजबीन को,
महजबीनों में हमनसीब को,
हमनसीबों में भी उस हसीन को,
हसीनों में भी मोहसिन को,
मोहसिनों में भी नमकीन को,
तलाश जारी है।।

काबिल सी तकदीर को,
तकदीर में भी किसी हीर को,
हीरे की जँजीर को,
मुक्कमल किसी फकीर को,
रहबर से किसी पीर को,
ढूंढ़ता है दिल ऐसी किसी तस्वीर को,
...तलाश जारी है।

आजकल...

लिबासों में लिपटी तहजीब देखता हूं,
बिकते हुए रिश्ते अजीब देखता हूं,
दुपट्टों का चलन छुटता जा रहा है,
खुली धूप में अब कनीज देखता हूं,
कोई ख़त अब घर पे नहीं पहुंचता है,
सबके हाथों में इक नई चीज देखता हूं,
जबसे गांव से हम आ गए हैं शहर में,
मां की बाँधी गले में, ताजीब देखता हूं,
खबर ही नहीं है मुझे अब किसी की,
ये है किसका मुझपे असर अजीब देखता हूं,
जहां से कोई भी ना गुजरा हो अब तक,
मैं नई ऐसी कोई डगर नजीर देखता हूं,
हवा भी चली है, फिजा भी है बदली,
वक्त का बदली सा असर तासीर देखता हूं,
तू ही तू क्यों नजर आता है मुझको,
नजर को उठा कर जिधर तुझे अपने करीब देखता हूं,
'मैं' ही खत्म होती नहीं है मेरी बस,
है मुझमें कितना वहम टूटा जमीर देखता हूं,
उसके दर पे हाथ को उठाने की देर है बस,
उसका हरदम है मुझपे, करम अपना तकदीर देखता हूं,

बदले मौसम का गिरगिट जो पैमाना हुआ

बदले मौसम का गिरगिट जो पैमाना हुआ।
हर आदमी लगता है अब पहचाना हुआ।।

काबलियत की कद्रदानी अब किसको रही।
खिदमतगार भी चाहिए अपना जाना हुआ।।

जिसको दिल से लगाओगे, अपना बनाओ।
वो दगा करके, अपना अपनों से बेगाना हुआ।।

वक्त से डरना पड़ा है वक्त को भी आजकल।
शातिराना वक्त अब, इतना शरिफाना हुआ।।

बिक रहा ईमान भी, ईमानदारी के बाजार में।
जो बड़ा बेईमान उसका बड़ा अफसाना हुआ।।

झूठ की दुकान पर यहां भीड़ लगती है बहुत।
झूठ की जयकार है, सच का मुँह काला हुआ।।

रेत के घर

रेत के घर,
मिट्टी की ईमारतें,
बरसात का अपना वजूद,
तूफां का अपना मिजाज,
धूप की बरकत,
हवाओं की अपनी डगर,
ज़िन्दगी के अपने सवाल,
मौत का अपना चलन,
रास्ते के मोड़ अपने,
मँजिल का अपना पड़ाव,
फासले अपनी जगह,
मकसदों की अपनी चुभन,
रफ्तार की अपनी कसक,
राहगर का अपना सबब,
राजहन का अपना ख़्याल,
मुसाफिर की धुन अपनी तरह,
सौदागरी हर रिश्ते का सार,
अपना करे, अपनों पे वार,
समेटने में सब की जीत,

मनुहार का मतलब है हार,
क्षमा, दण्ड, भेद, सब आधार,
ज़िन्दगी, किसलिए आऐ थे हम?
सतत् चलना था क्या मकसद?
अन्त क्या है? अनन्त क्या है?
यहां आना जाना ही है जीवन?
किसको, आखिर यहां क्या मिला है।

आकार से निराकार का सफ़र है

आकार से निराकार का सफ़र है,
जीवन तो सँस्कार का असर है,
क्षण-क्षण की खुशियों में गुत्थियाँ,
पल-पल में घटते, हादसे,
लुलोपत मन की जिज्ञासाओं के पहाड़,
चढ़ते-उतरते प्रयासों मेरूदंड,
पीपाशाओं, आशाओं में कोई द्वन्द,
चीरता हुआ दम्भ का सूल,
'मैं' का दानवी अहम टकराता,
प्रति पल क्षीण करता मेरा प्रताप,
औद्रार्य को ना उभरने दे रहा,
शिकस्त खाता धैर्य का मिजाज,
सुगम रास्ते का जटिल मोड़,
विकट बनाता हर, मँजिल का मुकाम,
छटपटाहट, तुरंत सब पा जाने का ध्येय,
अधीर मन के विषाद, विवाद लड़ रहे,
अँकुर सा नया विचार, झर से मुरझा रहा,

केचुली सा सर उठाता-छुपाता, मन,
ऋतुओं सा आता-जाता विश्वास,
तोड़ता है कोई हौसलों के घौसले,
फिर, कोई अनजान, अदृश्य,
रक्तसंचार, कर जाता है,
चल पड़ता है कारवाँ, समन्दर के बीच,
नाव उतार देता हूं, खेता चला जाता हूं,
दिशा, दशा का मुल्यांकन किए बिन,
चल पड़ता हूं रोज-रोज,
किसी अंजान डगर, सफर, मँजिल की ओर,
नहीं मालूम क्यों, पर चलते रहना,
चलते रहना ही ज़िन्दगी है,
कोई मँजिल आखिरी मँजिल नहीं होती।

काठ की हाँडी-सा मैं भी

काठ की हाँडी-सा मैं भी,
दुबारा नहीं चढूँगा, ना जलूँ शायद,
गई बहार सा ना लौटू फिर से,
बयार सा बहने को आया,
धुन्ध में गुम कहीं पता नहीं,
किन्चित, मुझे वक्त याद करे,
मिमांसा में मैं गुम मिलूँ ना,
आवाज दूँगा, सुन ना सकोगे,
कँदराओ में, फूलों की खुशबू में,
चिरैया की चूँ चूँ में,
झिंगूर की करकश में,
भँवरे की गुँजन में,
या, छत पे कबूतरों के जोड़ें में एक,
कैसे पहचानोगे मुझे तुम,
नदियों के कलोल, से छूकर कही
किसी रोज, कोई बून्द की छप्पाक,
गालो से, टप से टपक रहा हूँगा,
बन अश्रुओं की धारा बन,
विचरता हुआ, तेरे तन, मन में,

भीगता, भीगाता हुआ,
गँध, सुगंध तेरे तन, मन की देख,
महसूस करने आऊंगा,
धूप में किरणों की वो सौंधी सी सरस,
बनके सोखने तुझे,
ओढ़ लेना मुझे,
तपतपाती स्पर्श की तासीर में मिलूँगा,
सर्दियों में खुद को सुखाने छत पे,
कपड़ों सा टाँग देना खुद को,
ढलती गुजरती धूप में मेरी तपिस मिलेगी,
शाश्वत हूँ, मिटना तो सफ़र का पड़ाव है,
फिर से जन्म लूँगा, जीना मरना करम है,
प्रेम का अविरल साक्ष्य, प्रेम ही है,
जीवन के अनुदान का अभिप्राय, प्रेम है,
अस्ती कलश ही अवशेष हैं,
प्रेम प्रयाग, परमात्मा, प्रेम ही अनन्तः शेष है।

मैं ही क्यों...

दुनिया में सब अज़ाब, पशेमान मैं ही क्यों।
सबके टूटे हुए मकान, परेशान मैं ही क्यों।।

जमीर बिक रहे, जिस्म के सजे बाजार हैं।
लुट गया सारा बाजार, हैरान मैं ही क्यों।।

कीमत सही लगाइए बिकती है हर इक शै।
सजी हुई हर दुकान है, विरान मैं ही क्यों।।

अजब शहर, घर मेजबान भी ना बन सके।
अपने ही घर रह के भी, मेहमान मैं ही क्यों।।

तौबा किसी के दिल में मुझको जगह नहीं।
इतने बड़े शहर में इक, इन्सान मैं ही क्यों।।

देने वाला यहाँ हम-तुम में ही है छुपा हुआ।
जखीरे हैं सबके पास, भगवान मैं ही क्यों।।

नये रास्ते, नये-नये, दयार खोज रही हैं आँखें

नये रास्ते, नये-नये, दयार खोज रही हैं आँखें।
मुझसे अच्छे हों, ऐसे यार खोज रही हैं आँखें।।

गुरबत का दौर भी कितना रँजो-गम भरा था।
चलेगी बरकत की बयार, खोज रही हैं आँखें।।

कत्ल भी ना हो, जख्म भी ना होने पाये, ऐसी।
मरहम सी चले तलवार, खोज रही हैं आँखें।।

फ़ना हो जाए, उसका वजूद मेरे बिन जीए तो।
शिगूफ्तगी में रज़ा दिलदार, खोज रही हैं आँखें।।

डूब जाने से पहले अपने आगोश में वजू करें।
सागर में भी वो मझधार, खोज रही हैं आँखें।।

तन, मन का नहीं, आत्मा से परमात्मा तलक।
ऐसे प्यार के जुड़े हों तार, खोज रही हैं आँखें।।

जागीरें ना सही अपनी मगर, दिल के हम भी नवाब हैं

जागीरें ना सही अपनी मगर, दिल के हम भी नवाब हैं।
रियासते जमाने को दे जाएंगे दिल के ऐसे भी ख्वाब हैं।।

इक रोज जमाना हमें भी बहुत याद करेगा तुम देखना।
हमारी ग़ज़लें, नज्मों की लचक, तुम जैसी लाजवाब हैं।।

ऊँचा कहो, नीचा सुनो, बदलते दौर का चलन बन चुका।
करो कुछ भी नहीं, बातें बनाना जानो, ये ही इन्कलाब है।।

सच को हराना सीख लो, झूठ का हर तरफ बोलबाला है।
सच को साबित कीजिए, झूठ के पास हर इक जवाब है।।

तबाही की सबने अपनी अपनी वजाहत चुनी हुई हैं 'प्रेम'।
सबपे जर, जमीं, जोरू का नशा ऐसे चढ़ा, जैसे शराब है।।

ऐ ज़िन्दगी मैं इक बार फिर से मुस्कुराना चाहता हूँ

ऐ ज़िन्दगी मैं इक बार फिर से मुस्कुराना चाहता हूँ।
खो गया हूँ, ना जाने कहाँ, मैं खुद को पाना चाहता हूँ।।

निश्बतों का ये सिलसिला थमता कहाँ है यकबायक।
उल्फतों से ज़िन्दगी मैं तुझ को मिलाना चाहता हूँ।।

फर्ज की दीवारों से बाहर कहाँ दिखता है कुछ भी।
दो घड़ी को आसमां पे अपना घर बनाना चाहता हूँ।।

ले चलो मुझको भी अपने साथ इक दिन ऐ हवाओं।
मैं जमीं का हर इक किनारा अब भूल जाना चाहता हूँ।।

किस दौड़ हूँ, नहीं मालूम, मेरी मँजिल आख़िर है कहाँ।
जाने क्यों, हर किसी को, हर दौड़ में, मैं हराना चाहता हूँ।।

दीये जलें

दीये जलें,
स्याह रात ना आने पाए।
तिमिर मिटा दो,
दीये जला दो,
मन के अन्धकार से,
ज्ञान की ज्योति जलाओ,
दीपावली घर घर हो,
हर दीये में तेल मिला दो,
कोई कुपोषण से ना मरे,
कोई भूख से प्राण ना तजे,
किसी के घर मातम ना सजे,
लोकतंत्र में वो इत्र मिला दो,
घर के दीपक, नौनिहालों को,
पोषण का वो दूध पिलाओ,
विश्व पटल पे देश का परचम,
गर्व के दीये चहुंओर जगमगा दो,
दीन हीन को मिले सहारे,
जले दीप हर घर में ज्ञान के,
किसी असहाय को मुस्कान मिले,
किसी रोते को खुशी दिला दो।
तिमिर मिटा दो, दीये जला दो।

दीवारों दर भी ढूंढते होंगे तेरे कदमों के निशाँ

दीवारों दर भी ढूंढते होंगे तेरे कदमों के निशाँ।
वादियाँ कह रही हैं तू भी कभी रहता था यहाँ।।

फ़लक से नज़र नहीं आता वजूद किसी का भी।
जमीं पर ही रह जाता है, खुशी ग़म का कहकशां।।

क़दम दर क़दम चला तो नापी है जमीं चार गज।
तमन्ना थी, हवा में उठाता रहा हूं छूने को आसमां।

मुक्तसर सा है सफ़र, कितने सदी-सदी के रिश्ते हैं।
आदमी चला जाता है जाता नहीं दिले अहमे-गुमाँ।

इन्सान तमाम उम्र किसलिए परेशान रहता है 'प्रेम'।
जानता है, रह जाता है, राख-मिट्टी के साथ में धुआँ।।

जो अपना था यहाँ वो अपना नहीं था

जो अपना था यहाँ वो अपना नहीं था।
जो देखा बन्द आंखों ने सपना नहीं था।।

यहां कतरों में थे मेरे ख्वाबों के हर घरौंदे।
अपना सा कोई भी यहाँ अपना नहीं था।।

माँ अब भी छत पर चांद को कोसती होगी।
मेरे लाल से खूबसूरत तू कभी भी नहीं था।।

बाबूजी मेरे गुणगान के गीत गा कर ना थकते।
दुआओं में मुझसे अच्छा कोई दूसरा नहीं था।।

मैं महानगरों में गुम हो गया हूँ कहीं खो गया हूँ।
'प्रेम' उम्मीदों पे मां बापू के मैं खरा क्यूं नहीं था?

अब दिल नहीं

अब दिल नहीं,
कुछ भी कहने का,
हिफाजत में दिल,
और ज़मीर रख दिऐ है।

खोखले दावे थे सब,
अब हवा समझ आई,
कातिल मैं खुद ही था,
बारूद था मुझमें कोई।

कुमला गई धूप फिर से,
जमीं पर चांदनी सोई कैसे?
वो दिल का सौदाई था,
अब वो बचा नहीं मुझमें।

विश्वास को अब अविश्वास हो चला है

विश्वास को अब अविश्वास हो चला है।
तुमको भी क्या विश्वास ने छला है?

प्यार जताओ, मन मस्तिष्क में रहो।
सतही प्रणय निवेदन इक कला है।।

व्यवसाय, इक उद्योग पनप रहा है।
इन दिनों कपट रिश्तों में फला है।।

छदम बिक रहा है बाजार सज रहे।
चकाचौंध की दुनिया भी बला है।।

मीरा सा, ना राधा सा, ना कान्हा सा।
'प्रेम' तेरे नाम का ये क्या सिला है।।

ये मोहब्बत की लौ किसके काम आई।
किसी का हाथ, किसी का दिल जला है।

पखेरू उड़ना चाहता है

पखेरू उड़ना चाहता है,
पंख क्षितिज को नापना चाहते हैं।
नयी तरंगों का रक्त में,
संचार हो रहा है।।

विशप्त वेग,
रोकती पवन की झरती कल कल,
क्षणिक सुख,
अनन्त दुखों का द्वार।

लुलोपित मन की जिज्ञासा,
त्वरित फल की आशा,
स्पन्दन मन के चक्षुओं,
उमड़ती इक पीपाशा।

मन चल पड़ा,
पथित!
निर्माण पथ से
अनन्त महा मार्ग निर्वाण की ओर।

कितना मगरूर हो गया हूँ मैं

कितना मगरूर हो गया हूँ मैं।
जब से मशहूर हो गया हूँ मैं।।

आपके दिल में जब से रहता हूँ।
खुद से अब दूर हो गया हूँ मैं।।

ज़िन्दगी का सफर मुश्किल था।
थक के अब चूर हो गया हूँ मैं।।

सबूत मिटा दिये गुनाहों के।
तब से बेकसूर हो गया हूँ मैं।।

बस मुस्कुराते हुए निकल गया

बस मुस्कुराते हुए निकल गया।
रास्ते पे आज मेरा बचपन मिला मुझे।।

फ़िर मुझे वही सूझा,
वही छुपन छुपाई, आइस-पाईस, धप्पा।
गुल्ली-डन्डे का वो खेल,
खो-खो में गुम दोस्ती,
बर्फ की गोला आईस,
वो दस्सी पंजी के गोल गप्पें,
लाईमन-चूस की वो टॉफियां,
जन्मदिन पे सभी दोस्तों को बांटना।

अभी ये सब,
इक बार फिर जी रहा था मैं ख़्यालों में,
धरमपत्नी अपना धरम निभा गई,
बोली उठो!
कुछ काम करो!
आज सफाई करने की,
तुम्हारी बारी आ गई।

रत...

खुश्बू की तरह महकती फिज़ाएँ,
आलौकिक...खुशबू
पहाड़ के बदन की छटाएँ,

मदमाती...
मंदाकिनी की शिशु पन धाराएँ,

लहलहाती...
काफल, हीसौली, बुरांसी की कंदराएँ,

बलबलाती....
चश्मों से निकलती अविरल धाराएँ,

चमचमाती...
ऊंचे शैलो की चोटियों पर हिम शिलाएँ,

हिमांशु, धरती उत्तराखण्ड पावन धरा।
शत् शत् शत् शत् नमन देव भूमि नमाएँ।।

कुछ तो बात है,

कुछ तो बात है,
ये फ़िजा, ये मौसम,
कुछ भी याद नहीं,
वो शहरों की,
दकियानूसी वातानुकूलित सी ज़िन्दगी,
कितना सुकून मिलता है,
कुदरत के वातानुकूलित छत्रछाया में
कहाँ याद रहा फिर,
वो घुटन चारदिवारी में कैद,
ज़िन्दगी!
आहा!
पहाड़ों की कन्दराओं से,
फरफराती हवाओं का स्पर्श,
चहचहाते पक्षियों का करन्दन गान,
आहा!
कुछ तो बात है।।

जिक्र उसका हर तरफ़ क्यूँ है।

जिक्र उसका हर तरफ़ क्यूँ है।
हवा में फ़िर कोई वरक क्यूँ है।।

इक ही बागवाँ से लाए थे हम,
हर गुल में दूसरे से फरक क्यूँ है।।

कितने भरोसे को तोड़ आए हो।
हमदर्द ही आखिर कमज़र्फ क्यूँ है।।

मेरा मोहसिन ही बेवफा होगा।
लिखा हरसूं ये हर्फ हरफ क्यूँ है।।

कब आवाज़ उठाओगे, जुर्म के आगे।
हर जुबां पर यहां जमीं ये बरफ क्यूँ है।।

हम खामखाँ उसके दिल में मेहमां हो गए

हम खामखाँ उसके दिल में मेहमां हो गए।
वो फितरतन फ़िर किसी पे मेहरबाँ हो गए।।

कोई कली, कोई गुंचा अब हमें नहीं है मय्यसर।
कहने को हम अब गुले-चमन के बागवाँ हो गए।।

तन्हाई का तस्सवुर खत्म कर नहीं सके कभी हम।
कितने सफ़र हुए, कितने अब तक कारवां हो गए।।

आज भी चैन से नींद आती है तो उसके ख़्यालों में।
ठिकाने कई, कितने ना जाने अपने आशियां हो गए।।

खेल...

खेल...
खेल ही तो खेलता है ऊपर वाला,
कभी धकेलता है,
इधर से उधर,
कभी इस, कभी उस पाले में,
हार–जीत
हारने, हराने का खेल,
कभी गैरों को, कभी अपनों को,
जीतता कोई नहीं,
उसके सिवा,
अनन्त वो!
जीत जाता है,
जब रौंद कर,
मिट्टी को मिट्टी से मिलता है।
अनन्त वो जीत जाता है।।

छन्न से बिखर गए

छन्न से बिखर गए,
कांच के से अरमान,
कितना खुदगर्ज हूँ मैं भी,
जब चाहा,
बिना उसकी इजाजत के,
मुस्कुराने की जुर्रत,
गुस्ताखियाँ कर गुजरता हूँ।

नसीब, भी तो कोई चीज़,
होती है हुजूर,
हाथों में लकीरें खुदवाना,
भी एक करम था,
जो करना, मुनासिब नहीं
समझा,
तो उसने काबिल नहीं समझा।।

नसीब बादशाही की
पैरवी में,
हाथ की लकीरों,
का मौहताज,
सरपरस्त बना के रखता है,
बा अदब तुझे सलाम!
ऐ! जहनसीब

बेक़रारी को भी चलो कुछ करार आ जाए

बेक़रारी को भी चलो कुछ करार आ जाए।
कुछ पलों के लिए मुझे एतबार आ जाए।।

उतर तो जमीन पे कुछ घड़ी के लिए मौला।
मुझे ख़ुद पे, ख़ुदा को मुझपे प्यार आ जाए।।

जलवा फरोज है उसकी अदाओं का सफर।
वो चाहता है उसपे कुछ और निखार आ जाए।।

कभी, कहीं तो उसकी निगाहों में आ जाऊंगा।
कोई तो किसी राह में 'प्रेम' ऐसा यार आ जाए।।

बारूद का ढेर बन गई ज़िन्दगी

बारूद का ढेर बन गई ज़िन्दगी,
जिधर देखो वहीं खतरे के निशान हैं,
कहीं पानी की कमी,
कोई पानी से तबाह है,
किसी की छत टपकती है,
किसी का खेत जल रहा,
किसी को कर्ज़ खा गया,
कोई कर्ज़ को खा गया,
कोई परेशां है मोहब्बत को,
कोई मोहब्बत का मारा है,
किसी को हमदम नहीं मिलता,
कोई हरदम बेचारा है,
नमक रोटी किसी की चाह,
कोई शुगर से हारा है,
कोई कम खा के मरता है,
कोई खाने का प्यारा है,
ज़िन्दगी तुझे समझ ना पाया।
तुझे आखिर किसने पाया?

इबादत में हूँ, आसमां से मन्नतें की हैं

इबादत में हूँ, आसमां से मन्नतें की हैं।
मुझे भी दो, जमाने को तो जन्नते दी हैं।।

चाँद रहे मेरे घर पे, मैं आफताब बनूं।
खुदा से इतनी सी तो चाहतें की हैं।।

निगेबानी में रहके कब तक जीएगा।
घौंसले से निकल, तुझे राहतें दी हैं।।

नदिया का पानी बह कर कहाँ जाएगा।
हर दर्रे को उसने ही तो हिदायतें दी हैं।।

झोलियाँ भर भर के किसी को दे देता है।
तेरे दर पे हमने भी तो शिकायतें की हैं।।

जो भी समझ,
इक ख्वाब बन गया है तू

जो भी समझ, इक ख्वाब बन गया है तू।
सब के लिए इक किताब बन गया है तू।।

अरमान सा, ख्वाहिशों का एक अफसाना।
किसी दिल का इन्तख्वाब बन गया है तू।।

फक़त दो चार दिन का ख्याल तो नहीं कहीं।
लोग कहते हैं कोई आफ़ताब बन गया है तू।।

लोगों की नजरों से खुद को कैसे बचाएगा।
कितना महजबीन, लाजवाब बन गया है तू।।

अब नशाखोरी का इल्जाम भी तेरे सर पर है।
जब से दिलकश, हुस्ने-शराब बन गया है तू।।

आभारी हूं

तुमको पढ़ने का मौका मिला,
कितने पन्नों में सिमटे,
बिखरे हुए अल्फाज़ो में,
कितने नज़र आए मुझको,
हर हर्फ तुम,
मुझमें,
हर वरक, मुख्तलिफ सा,
कैसें बहते हो तुम,
मेरी हर सोच की नस नस में,
रक्त का संचार जैसे,
किसी संदर्भ में,
किसी पड़ाव में मुझसा कोई,
किसी पन्ने में था जिक्र,
इक किरदार का जिसे,
पाठक पढ़ता रहा,
पर शायद अनजान ही रहा,
क्या-क्या लिख देते हो,
काल के कपाल पे तुम,
पढ़कर यही जाना तेरी लेखनी को,
नमन!
पर तुझे कुछ भी ना जान पाया,
वाह! तुम भी क्या लिखते हो।

मुकम्मल ग़ज़ल हो तुम

मुकम्मल ग़ज़ल हो तुम,
खिलता कमल हो तुम।

हिम दर्रों से निकला अमृत,
अविरल, निश्छल हो तुम।

कंचन ख़्यालों की किताब,
गंगाजल, अविरल हो तुम।

बहता रहता है हरदम।
नदिया का जल हो तुम।।

कभी निकला करो घर से,
बड़ी शिद्दत का फल हो तुम।

'प्रेम' दुनिया कहे कुछ भी,
इस दुनिया के कल हो तुम।।

बता कौन-सा ख़्वाब पूरा करूँ तेरा

बता कौन-सा ख़्वाब पूरा करूँ तेरा?
मैं उम्रभर ये ही तो करता रहा हूँ।।

सदके जाऊं या बिखर जाऊं, बता,
आदततन रोज़ ही मैं मरता रहा हूँ।।

तुफाँ को मेरी बेबसी की खबर थी।
'प्रेम' खुदके होने से मैं डरता रहा हूँ।।

फ़ासले कम कर सकता हूँ तुझसे।
जख्म एक अरसे से भरता रहा हूँ।।

मुनासिब समझो तो तुम लौट आना।
इन्तजार इक सदी से मैं करता रहा हूँ।।

किफायत उसके प्यार में देखी गई

किफायत उसके प्यार में देखी गई,
टूटा भी दिल तो धीरे-धीरे।
नजाकत भी बहुत नाजुक सी थी,
छाला भी रीसता गया धीरे-धीरे।।

नाटे हो गये, कद्दावर कैसे-कैसे,
तोला से माशा हो गये वो धीरे-धीरे।
कद कम हो गया एक दिन यूहीं,
पत्थर पे घीसता गया धीरे-धीरे।।

मांग लेता वो अपना सारा सरमाया,
जिसने बनाई मेरी दुनिया धीरे-धीरे।
तमाम ज़र, जमीन जिसके नाम कर दी,
उसी ने जलाया मुझको इक रोज़ धीरे-धीरे।।

इक धुंध में गुम

इक धुंध में गुम,
अभिलाषाओं के समन्दर में,
कुलबुलाहट का हल्ला,
हिलौरे मारती मीमांसाओं का दरिया,
दूर कहीं दूर, मुझें खींचता है,
अनजान सा, रस्ता बुला रहा है,
खग, मृग, घना जंगल और मैं,
अजब गज़ब सी चहचहाट करते पक्षियों की धुन,
कुछ कहना चाहते हैं जैसे,
कुछ समझ रहा हूँ, कुछ कुछ नहीं,
जलते कंदराओं, पिघलती धूप का सेकने,
करती कराती किरणों का माधुर्य,
कपाल पे सिकन को,
कचाटते रूआसे क्षणों में,
समाहित करता धरा का कृन्धन सुना मैंने।
कोहरा अब भी छंटा नहीं है,
पथिक चलता चल! व्योम कपड़े बदल रहा है।

फ़ुर्सत नहीं है ज़िन्दगी

फ़ुर्सत नहीं है ज़िन्दगी,
फ़िर क्यूँ मिली है तू।

हर रोज़ इक नया सफ़र,
किसे मिलने चली है तू।

सब मुझे बाबस्ता हैं,
मेरा कोई कहाँ यहाँ।

कितने हसीन मोड़ हैं,
मुझे कहाँ ले चली है तू।।

ज़िस्म की अपनी डगर

ज़िस्म की अपनी डगर,
रूह का अपना सफ़र।
मिलकर कहाँ चलते हैं दोनों,
चले कोई इधर, कोई उधर।।
प्यास भी बुझती कहाँ है,
सांस थम जाने तलक।
एक हवा है ज़िन्दगी,
कब, कहाँ ले जाए, किधर।।

उड़ान से पहले सम्भल रहा हूँ

उड़ान से पहले सम्भल रहा हूँ।
दीया हूँ, फितरतन जल रहा हूँ।।

कहाँ आ गया हूँ, चलते-चलते।
नहीं जानता, क्यों चल रहा हूँ।।

जो रास्ते हैं कहीं लेकर नहीं जाते।
उन्हीं डगर से मैं फिर निकल रहा हूँ।।

गैरियत रहे, सर कलम कबूल कर लिया।
'प्रेम' सर झुकाने का रिवाज बदल रहा हूँ।।

तिजारत पसन्द लोग मेरे साथ ना आए।
मैं शहीद जवानों के सपनों से पल रहा हूँ।।

ग़ज़ल...

मुख़्तसर से ख्वाब देखें हैं।
ज़िन्दगी तेरे हिसाब देखें हैं।।

माँगता नहीं हूँ जन्नत तेरी।
मैंने तेरे जवाब देखें हैं।।

अब तन्हाइयों में जीता हूँ।
भीड़ में तेरे शबाब देखें हैं।।

बिक रहा है यहाँ पे हर कोई।
तिजारत के तेरे हिसाब देखें हैं।।

कितनी प्यासी हैं दरिया तेरे।
तरसते हुए तेरे आब़ देखें हैं।।

अमीर-गरीब ही दो जात है

अमीर गरीब ही दो जात है
कुछ सवाल पूछूँ ज़िन्दगी?
कब तक रखोगे इम्तिहान की मियाद,
कब तक जद्दोजहद से रुबरु रहेंगे,
कब करोगे कमाल ज़िन्दगी।
उफ्फ़!
कैसी सूरत में नजर आती हो,
बेबस, असहाय, कितनी मजबूर सी,
किसको दे दी है,
तूने हमारी लगाम ज़िन्दगी।।
रास्ते पे दो जात देखी हैं,
अमीर जात, गरीब जात,
कौन सा पैमाना है तेरे पास?
एक बढ़ता रहा, दूजा पिसता रहा,
मुफलिसी पे करती हो हर घात ज़िन्दगी।
बहुत हो चुका नाइंसाफ़ी का दौर,
पाट दे खाई इन दोनों के बीच,
समता, समरसता की बीज सीचँ,
खुशहाल कर, सबको दे कुछ रँग,
अन्तिम पँगत पे भी हो निहाल ज़िन्दगी।।

पिता...

पिता को समझना, आसान नहीं होता।
पिता सा ऊंचा कोई आसमान नहीं होता।।

पिता हर जरूरत का खजाना है।
पिता है तो हर बच्चा दीवाना है।।

पिता से हर चीज मुफ्त हासिल है।
पिता है तो बच्चा अव्वल, काबिल है।।

पिता माँ के माथे की बिन्दी है।
पिता है तो माँ दिल से ज़िन्दगी है।।

पिता हर मुश्किलों का समाधान है।
पिता ज़िन्दगी में हर वरदान है।।

पिता के आँसू कोई देख नहीं पाया।
पिता हर हाल में मुस्कुराया।।

पिता को 'ना' कहना मना है।
पिता ने औलाद को जो जना है।।

पिता की वजह से खुश है परिवार सारा।
पिता ने दिखाया ये संसार सारा।।

हम भी कभी पूछे,

कैसे हो पिता जी,
हम भी कभी पिता के दोस्त बन के खेलें।
हम भी पिता के दिल को खंगाले।।

हम भी कहें,
पिताजी चलो, दिल की सुनाओ।

हम भी कहें,
पिताजी चलो, आज नया सूट लाए।।

पिता को समझना अगर चाहते हो,
उनके आदर को सम्मान में बदल दो।

उनकी उपलब्धियों को तवज्जो दो,
खुदकी हस्ती को उनके चरणों में धर दो।।

छूने की तमन्ना थी...

छूने की तमन्ना थी तुम्हें नववर्ष में,
....मुश्किल था।
ये! जो बात कहीं मैंने,
क्या छूकर गई तुमको,
स्पर्श! जरूरी नहीं,
एहसास का झौंका तेरे दिल को,
गुदगुदा कर गया तो बता,
भीनी-भीनी सी कोई इत्र का,
खुशनुमा श्वास में घोल सा,
उड़ेल सा गया है ना,
वो! गौर से देख, मैं हूँ।
मुस्कुरा रहे हो!
इक बस खुशख्यालों में मैं हूँ,
जान जाओगे,
हर क़दम में जब, मखमली रास्ते मिलेंगे,
समझ जाना, वो दलीचे नहीं,
वो स्पर्श,
वो छुअन,
सिर्फ़, मैं हूँ।।
ये! जो बात कही मैंने,
क्या छूकर गई तुमको।।

नया दिन, नया साल...

नया दिन, नया साल...
मेरे तेरे सपने नये.....
कुछ संकल्प, पुराने अधूरे,
कुछ नये करने है पूरे,
शुभकामनाएँ दे चुका हूँ सबको,
मंगलमय रहें,
अब उनसे वचनबद्ध हूँ,
उनका मंगल करूंगा,
आशीष दे चुका हूँ जिन्हें,
उनके लिए,
दुआएं करूंगा,
कल्याण की कामना करके,
किसी का अमंगल कैसे करूंगा,
नव दिवस, नववर्ष,
चिरायु रहो, कल्याण हो, सौभाग्यवती रहो,

कितने आशीर्वाद बांट दिए,
आज नववर्ष की,
नवीन बेला पर,
उम्मीद है, अपने वचनों को याद रख सकूँगा।
अगले नववर्ष तक इन्हीं नेक कामनाओं,
भावनाओं को पुनरावृत्ति करूँगा,
सर्बसुख की,
संस्कृति, संस्कार के साथ....
नववर्ष का स्वागत।

जाने वाले...

जाने वाले...
वक़्त की बहुत निशानी हैं,
खट्टी मीठी बहुत कहानी हैं,
हर बार की तरह,
कुछ संकल्प फिर अधूरे हैं,
कुछ स्वप्न फ़िर संजोए हैं,

नववर्ष...
बरसों में कैद है गिनती ज़िन्दगी,
कुछ कम हुए या उम्र बढ़ गई?
समझ से परे हो,
नव बरस कहना पड़े तो,

क्या नया,
समझ से परे है,
वही राग, वही गीत, वही रीत,
बन्दिश पुरानी, कहानी पुरानी,

क्या नया,
समझ से परे है,
हाँ, राजस्व कर नए,
हां, मुद्रा नई सारी,
हाँ, जिम्मेदारी नई,
हाँ, मारा-मारी नई,
हाँ, उधारी फिर नई,
हां, इश्क़ की खुमारी नई,
हाँ, कोई बीमारी नई,

बहुत कुछ नया, नए बरस में,
दोस्ती हमारी तुम्हारी नई,
जाने वाले बरस जा चला जा,
नव बरस की मेरी तेरी तैयारी नई।

मैं वो, और...

मैं वो, और...
वो कौन?
गया वक़्त, वो, और...
अब ये कौन वो?
गुज़रे वक़्त की दास्ताँने,
दास्ताँने, वो, और...
फिर वो,
हाँ, वो फिर...
वो जिसे पाने की दौड़ में,
वो खोने के डर में,
वो जिसके करीब जाकर भी दूर,
वो जो है, पर है नहीं,
वो जिसे ढूंढ़ता रहा, दर-बदर,
वो जो मिला नहीं इस बार भी,
वो जो स्वप्न सा, गुम है कहीं,
वो जो हकीकत सा, पर है नहीं,
वो जिसे पाया नहीं, खोकर के सब,
वो जो मेरा नहीं, है सबका मगर,
वो जो आकर अभी जाने को है,

रोका बहुत, रुकता नहीं,
क़ीमत लगी, बिकता नहीं,
वक़्त वो शैय,
किसी मंजिल पे रुकता नहीं,
जाता है, लौट आता है,
सोच रहा हूँ, इस बार, इस बरस
वो, मैं, और...
रहने दो, वो फिर फितरतन चला जाएगा,
देखना, फ़िर नया वक़्त आएगा।

बटोही...

जाना कहाँ है, चला जा रहा है,
चिनारों के पेड़ों की झुरमुट में गुम,
तू मृग की प्यास क्यूँ बढ़ा रहा है,
बलखाती नदिया के हुस्न का है जादू,
बहते पानी पे तू नाव चला रहा है,
जंगल का इक शोर मैं जानता हूँ,
तू खामोशियों पे क्यों मरा जा रहा है,
भूख प्यास दोनों मुझे जानते है,
कैसे जीते हैं ज़िन्दगी, तू मुझे सिखा रहा है,
पतझड़ के मौसम चले जाए, शायद,
मुझे सावन में क्यूँ कर तू सता रहा है,

बटोही...
ठहर जा, तुझपे प्यार आ रहा है।

बटोही...
ठहर जा, अब कहाँ जा रहा है।।

वो लम्हात जो हमनें चुराए नहीं

वो लम्हात जो हमनें चुराए नहीं,
वो दिन जो हमने कभी बिताये नहीं,
वो क़दम जो हमने कभी बढ़ाए नहीं,
वो जज्बात जो हमने कभी जताए नहीं,
वो बचपन जो फिर लौट आया नहीं,
वो जवानी हम जिसे जी पाए नहीं,
वो जलवे जो हमने कभी दिखाए नहीं,
वो वक़्त रहते, नहीं कर सके,
अब वक़्त कम, ख्वाहिशे वही,
अब दौलत है, सांस कम,
अब दौड़ने का दिल, फूलता है दम,
अब दौलत भी है, सेहत नहीं,
अब खेलने का मन, खो गया बचपन,
अब जताने का मन, साथ देता नहीं तन,
जो बची सांसें हैं, जी हर सांस को,
वरना बे मतलब क्यूँ ढो रहा लाश को।।

एक जीवन का सच कविता में

एक जीवन का सच कविता में...प्रयास है कुछ बदले।

कितने वृद्धाश्रम,
कितने रैन बसेरों,
की बाढ़ आ गई है।
ज़िन्दगी तू ये कहाँ
से कहाँ आ गई है।।

इस दिन के लिए विदेशों में
पढ़ाया था,
लाड़ले,
मां-बाप की बूढ़ी आंखें
तुझे देखे बिन
पत्थरा गई हैं।

याद है तुझे कभी अकेले
बाहर नहीं जाने देते थे,
याद है तेरी इक आह में
दोनों रो लेते थे, याद है।

आज उम्रदराजी का ये आलम,

और, पहाड़ सी बची ज़िन्दगी,
सहारा तलाशती आंखों का,
सूखता पानी,
विवश है, एक बूढ़ा-बूढ़ी
बची सांसें, तेरे भेजें पैसों से बढ़ती नहीं है।

मन्नतें मांग लाए थे तुझे हम दोनों,
आज वैष्णो देवी की चौखट,
कुटिल मुस्कान से पूछ रही है,
पुत्र रत्न का आशीर्वाद फल फूल रहा है?

हम निशब्द है!
मां से तेरे खुशहाली का
फ़िर आशीर्वाद माँग लिया है,
तू सदा सुखी रहे। बस!

देख जब हम ना होंगे,
तो बैंक के खाते का उत्तराधिकार
तेरे नाम कर दिया है,
तू जब स्वदेश लौटेगा तो परेशां
ना होना, हमने सब इन्तजाम कर दिया है।

तू सदा सुखी रहे बस।

धन सम्पत्ति सब तेरे नाम लिख दिया है,
आख़िरी ख़्वाहिश इस खत में,
लिखी है
पूरी कर देना,
हमारे पोता-पोती को हमारी दास्ताँ
ना बताना,
हम वृद्धाश्रम से सिधारे,
उन्हें ना बताना।

बेटा! हम नहीं चाहते वो,
कभी आपको किसी रैन बसेरे
में छोड़ आए,
वहां का वातावरण अच्छा नहीं
तुम्हें हमने बहुत नाजो से पाला है,
बहुत मन्नतें करके पाया है।

वो क़लम की मजबूरी होगी

वो क़लम की मजबूरी होगी,
वो कहानी जो अधूरी होगी।

किरदार बड़े अजब थे 'प्रेम',
पटकथा बहुत सिन्दूरी होगी।।

लिखने वाले के बस में है सब,
बिछुड़ने की बात, जरूरी होगी।।

पतझड़ से नए फूल फल होंगे,
ये कहानी कभी तो पूरी होगी।।

ख्वाहिशों का क्या है

ख़्वाहिशों का क्या है,
रोज़ सज-धज के आ जाती हैं।
मैंने भी ठान ली है,
आज किसी को भाव नहीं दूंगा।।

थक गई होगी, आदतें भी,
अपनी जिद की फितरतों से।
आने दो, आज सभी जिदों को,
सब्र के खूँटे से मैं बांध दूंगा।।

आदेश ये है! पुरानी पूरी हो जाओ,
नई-नई, ठहर जाओ।
जीने तो दो, लम्हात अभी,
सदियों को दीवार पे टांक दूंगा।।

हर सांस को जीना सीखो

हर सांस को जीना सीखो।
हर दर्द को पीना सीखो।।

गम गलत हो जाते है, बस,
जख़्मों को सीना सीखों।।

उम्मीद ना करों, किसी से भी,
खुद में ही इक नगीना देखो।।

समन्दर का तुफँा से रिश्ता है।
कश्तियों से ना साफिना देखो।।

मुसाफिर बारी बारी से ऊतर जाएंगे,
क्यूँ अपनी बारी का महीना देखो।।

हमें पक्षी बनकर, लौट आना है

हमें पक्षी बनकर, लौट आना है...
खग, मृग, ...हम
जाने क्या बन जाएंगे,
छोड़ धरा को जब,
हम तुम, लौट के वापिस आएंगे।
सोचो! ये पक्षी भी,
हम तुम जैसे यहाँ रहते थे,
दिल की दिल से,
तब कह, सुन लेते थे।।

अब ये भटक रहे, देहरी-देहरी,
नहीं समझे हम इनकी भाषा।
हो सकता है, पूर्वजों का नया
अवतार, पक्षी बन लौट आए हो।।

ढूंढ रहे हो, जायजाद का हिस्सा,
नौनिहालों के फसाद का किस्सा सुन।
चीं चीं चूं चूं के मतलब ना समझे हम,
कुछ दाना, कुछ खाना तक नहीं,

मुंडेरों पे धरते हम।।
आज ये खग आऐ, कल हमको भी आना है,
जो आज दान कर जाए,
कल वही तो हमको पाना है।।

संकल्प करें, आज से
कुछ दाना, कुछ पानी,
रोज बेजुबान पक्षियों को हमें चुगाना है,
याद–रहे हमको भी
लौट यहाँ पक्षी बनकर आना है।।

लब्ज़ के कतरे बिखर रहे

लब्ज़ के कतरे बिखर रहे,
अब्र पानी में बदल रहा।

धुंध में खोया है आदमी,
धूल में हीरा निखर रहा।।

दांव पर फिर द्रौपदी,
चौसर बिछा रखी है।

लोबान जलता रह गया,
मान मनुहार झर गया।

फिर महाभारत, हे भारत,
हे माधव! तू किधर गया।।

निःशब्द हूँ!

निःशब्द हूँ!
कहना था मुझे कुछ अनकहा सा।
सुना है बहुत,
ज़रा-ज़रा सा मैं,
तुझमें क्यूँ,
ज़रा-ज़रा सा तू
मुझमें क्यूँ,
पिघल रहा है आसमां,
अब्र बरस रहा है,
किसका दिल जला होगा।।
पिघलने दे!
केंचुली बदल रहा है,
अब विष नीला नहीं,
हवा में धुल चुका है।।

निगाहों में क्या था

निगाहों में क्या था, मिला क्या
चलता रहा,
पहुंचा कहाँ,
रूक जा,
भटकना छोड़,
ठहर जा? कहीं कुछ नहीं।

निस्बतों में क्या रखा है,
पत्थरों में कुछ नहीं है,
दीए जल रहे हैं,
लौ बुझ चुकी है,
उजालों में भी कुछ नहीं है।।

मील का पत्थर हूँ,
रास्तों पे मिल सकूंगा,
जल चुका हूँ,
राख में ढूंढ लेना,
आग में क्या, कुछ नहीं है।।

भूल जा गम

भूल जा गम, ये तो हम साया है।
चलता चला जा,
यहाँ हर कोई पराया है।।

किसलिए रिश्तों में उलझा है,
किस की खातिर परेशां है तू।
मतलबी कौन नहीं,
वक़्त ने सबको ही सिखाया है।।

दोस्ती बस जरूरत तक है,
दुश्मनी से किसने कुछ पाया है।
अपने अपने नहीं,
गैरों से दिल लगाया है।।

फ़िक्र किस बात की करूँ मैं,
इस रंगमंच का फ़नकार हूँ मैं।
बस इतना वजूद है मेरा,
किरदार कितना अच्छा मैंने निभाया है।।

हसरतें ज़िन्दगी कहाँ ले जाएगीं

हसरतें ज़िन्दगी कहाँ ले जाएगीं,
निकल पड़ा हूँ बस,
चल रहे कई मुसाफ़िर,
साथ लेकिन,
सभी अकेले से हैं,
रास्ते भी अजब निराले,
बड़े गज़ब, बड़े अनजाने हैं,
हर क़दम पर नया मोड़,
नई आहट किसी होनी-अनहोनी की,
मैं चल पड़ा हूँ बस,
ना जाने किधर,
जिधर ये रास्ते ले जाएंगे,
हौसलों की गठरी को,
कसकर बांध,
उम्मीदों की लौ आंखों में,
जला ली है,
परवाह नहीं, आंधियों, बरसात,

सरद रातों से सामना होगा,
जानता हूँ,
मैं चल पड़ा हूँ,
मिलूंगा तुझे तेरे ही मुकाम पे,
ज़िन्दगी ऐतराम कर मेरा,
तेरे जानिब, निकल पड़ा हूँ मैं,
चल पड़ा हूँ मैं...

आज फ़िर कलम से गुफ्तगू कर रहा हूँ

आज फ़िर कलम से गुफ्तगू कर रहा हूँ,
मांग फिर से कविता की भर रहा हूँ,
फिर दिल में कुछ वेदनाएँ,
संवेदनाएँ घर कर गई हैं,
कुछ इच्छाएँ जी उठी,
कुछ इच्छाएँ मर गई हैं।
क्यों हमें हासिल नहीं है?
अधिकार स्वयं को,
स्वंय सा रखने, रहने, करने,
के लिए, क्यूँ जमाने के,
दस्तूर जरूरी,
क्यूँ, आखिर क्यों?
उफ्फ़! ये तालीम!
रीति-रीवाजों के ढकोसलों में क़ैद,
सांसो पे अप्ररोक्ष प्रतिबन्धों के,
चलन!
स्वतंत्र कौन है?
हवा तक प्रदूषित, मानसिकता के साथ,
हम ये कहाँ आ गए हैं।

इत्र घोलती है

इत्र घोलती है,
वो,
जो बोलती है,
मुझको तोलती है,
वो,
जो डोलती है,
राज खोलती है,
वो,
जो बोलती है,
कदम नहीं उठते,
वो,
जो राग घोलती है,
कीमत नहीं कोई,
वो,
जो मोलती है,
अल्हड़ सा बचपन,
वो,
मुझमें टटोलती है,
बरसता है अब्र,
वो,
जब जुल्फ खोलती है।

पलाश के फूल

पलाश के फूल,
कहाँ मिलते हैं अब,
सहरा में फूल,
कहाँ खिलते हैं अब,
खण्डहर तो गवाही में,
खड़े रहते लेकिन,
जवां दिलों में जुनून,
कहाँ मिलते हैं अब,
अभी जिन्दा हैं लेकिन,
जीना कहाँ सीखे हैं हम,
घर से बाहर दिल के दीवाने,
कहाँ निकलते हैं अब,
सुना था, जांनिसार करते थे,
वो जमाने गुजर गए,
दीये देख, परवाने,
कहाँ जलते हैं अब,

वो निगाहों में रहा कातिलों की तरह

वो निगाहों में रहा कातिलों की तरह।
हम भी डरते रहे बुजदिलों की तरह।।

हम उससे मिलने कभी भी जा न सके।
वो रोज़ सजता रहा महफ़िलों की तरह।।

आज फिर से वो बेवफा राह में मिल गया।
हम भी देखा किए उसे, साजिशों की तरह।।

गुफ्तगू, मशवरे, अब करूँ किस-किस से मैं।
सब मिलते हैं मुझे फिर, मुहसिनों की तरह।।

वो अब क़दम चूमता फिर रहा हर शख्स के।
जो मैदाँ कल तक, रहा है गाजियों की तरह।।

दिल गज़ब गुस्ताखियाँ कर रहा है मेरे साथ।
उसके आगे क्यों धड़के मुफलिसों की तरह।।

मुहसिनों = उपकारी, गाजियों = विजेता;

कोई रावण जिन्दा है, आज भी हमारे अन्दर मौला

कोई रावण जिन्दा है, आज भी हमारे अन्दर मौला।
आकर, चले गये यहां से कितने ही सिकन्दर मौला।।

मुझको मेरे गुनाहों से तू बचा लेगा इक दिन मौला।
तेरे हुजूर पे सर के बल मैं आया ये सोचकर मौला।।

हर सूरत में यहां दगाबाजी, रहबरी का हुनर दिखता है।
कोई भेज, जो ईमान-ए-जमीरी का हो पैकर मौला।।

मैं जिससे भी बावस्ता हुआ, कतरों में बिखर के आया।
हर कतरा बना जाता है मुझमें मिल के समन्दर मौला।।

पत्थरों से दिल का राफ्ता सा बन चुका है अब तक।
खा चुका हूं हर राह, हर मोड़ पे मैं कई ठोकर मौला।।

उलझनों का मेरे पाँवों से ये रिश्ता क्या है, पता नहीं।
चल नहीं पाया हूँ अभी तक, कभी मैं खुलकर मौला।।

आजा, या बुला ले तेरे सदके मैं तेरे दीदार को तरस गया।
कहनी हैं मुझे, दिल की कितनी बातें तुझसे मिलकर मौला।।

पैकर = आकृति;

भर चुका है जो उसे पैमाना कहें

भर चुका है जो उसे पैमाना कहें।
तेरी उल्फ़त को ही मैंखाना कहें।।

वो जीया है तो कहाँ मर जाएगा।
आदमी की जात को दीवाना कहें।।

ज़हर भी मीठा है उसके प्यार का।
इसे उसका अन्दाज शरिफ़ाना कहें।।

अपनी मौत मर जाता है हर इक वजूद।
हालात बदलने को ही गुजर जाना कहें।।

महफ़िलों में तन्हा रहने का शबब।
है, घर रौनक को जो विराना कहें।।

बाजार का माहौल घर मत लाईए।
कीमतों को ही ना मुस्कुराना कहें।।

खुद की निगाहों पर भी नज़र रखो।
हमारी अदा को ना कातिलाना कहें।

❖❖❖